Das Aktienbezugsrecht.

Von

Dr. jur. Fritz Güldenstein.

1914.
München, Berlin und Leipzig.
J. Schweitzer Verlag (Arthur Sellier).

Druck: Dr. F. P. Datterer & Cie. (Arthur Sellier) Freising-München.

Vorwort.

Die von Jahr zu Jahr zunehmende Bedeutung der Aktiengesellschaften bedingt es, daß der Einzelne in steigendem Maß in Berührung mit dem Recht derselben kommt. Diese Tatsache rechtfertigt die zahlreiche Literatur des letzten Jahrzehnts, die sich mit dem Aktienrecht befaßt und sie rechtfertigt wohl auch die ausführliche Behandlung einer Spezialerscheinung des Aktienrechts, wie sie die vorliegende Schrift versucht. Das Bezugsrecht — so einfach es in der Praxis auch erscheinen mag — bietet für die juristische Betrachtung eine Fülle des Interessanten und manche Gesichtspunkte lassen sich hier gewinnen, die für das Aktienrecht überhaupt von Bedeutung sein können. —

Es ist mir eine angenehme Pflicht Herrn Professor Dr. Heinsheimer in Heidelberg für seine wertvollen Anregungen zu der Arbeit zu danken; ferner spreche ich auch Herrn Hugo Heilbronner in München für die zahlreichen Aufschlüsse aus dem praktischen Geschäftsleben, die er mir auf Grund seiner reichen Erfahrungen erteilte, meinen besonderen Dank aus.

München, im Juli 1914.

Fritz Güldenstein.

Inhaltsverzeichnis.

Literaturverzeichnis.

Alexander, Die Sonderrechte der Aktionäre, Berlin 1892.

Annalen des Deutschen Reichs für Gesetzgebung, Verwaltung und Volkswirtschaft, begründet von Hirth und v. Seydel.

Bachmann, Die Sonderrechte des Aktionärs, Zürich 1901.

Das Bürgerliche Gesetzbuch, mit besonderer Berücksichtigung der Rechtsprechung des Reichsgerichtes. 2. Aufl. Berlin 1913, zit. BGB., Kommentar von Reichsgerichtsräten.

Bolze, Die Praxis des Reichsgerichts in Zivilsachen.

Brand, Das Handelsgesetzbuch mit Ausschluß des Seerechts, Berlin 1911, zit. Brand.

Cosack, Lehrbuch des Handelsrechts, 7. Aufl. Stuttgart 1910, zit. Cosack.

Dernburg, Das bürgerliche Recht des Deutschen Reichs und Preußens, Halle 1902.

Deutsche Juristenzeitung, zit. DJZ.

Eichmann, Sind auf eine Aktiengesellschaft die Vorschriften des BGB. über rechtsfähige Vereine anwendbar? Berlin 1905.

Entscheidungen des Reichsgerichts in Zivilsachen. Hrsg. von Mitgliedern des Gerichtshofs und der Reichsanwaltschaft, zit. RG.

Entscheidungen des Reichsoberhandelsgerichts (ROHG.), hrsg. von Räten des Gerichtshofs.

Esser, Die Aktiengesellschaft, 3. Aufl. Berlin 1907.

Gareis, Das deutsche Handelsrecht, 8. Aufl. Berlin 1909.

Gareis, Handelsgesetzbuch unter Ausschluß des Seerechts. 5. Aufl. München 1912, zit. Gareis.

Hacker, Der Nießbrauch von Prämienpapieren, Aktien und Urheberrechten, Berlin 1906.

Hasemann, Das Recht des einzelnen Aktionärs, Borna-Leipzig 1909.

Jaeger, Kommentar zur Konkursordnung, 3. und 4. Aufl. Berlin 1913, zit. Jaeger, KO.

Iherings Jahrbücher für Dogmatik des heutigen römischen und deutschen Privatrechts.

Juristische Wochenschrift, zit. JW.

Kaufmann, Handelsrechtliche Rechtsprechung.

Kommentar zum Bürgerlichen Gesetzbuch und seinen Nebengesetzen:
- Oertmann, Recht der Schuldverhältnisse, 3. und 4. Aufl. Berlin 1910.
- Lehmann und Ring, Das Handelsgesetzbuch für das Deutsche Reich, II. Bd. (nur das Recht der Aktiengesellschaft umfassend) 2. Aufl. Berlin 1913, zit. Lehmann-Ring.

Lehmann, Das Recht der Aktiengesellschaften, 2 Bände, Berlin 1898 und 1904, zit. Lehmann.

Leipziger Zeitschrift für Handels-, Konkurs- und Versicherungsrecht; jetzt Leipziger Zeitschrift für Deutsches Recht, zit. LZ.

Leist, Die Sanierung von Aktiengesellschaften, Berlin 1905.

Leitner, Das Bankgeschäft und seine Technik, 3. Aufl. Frankfurt a. M. 1912.

H. Makower, Handelsgesetzbuch mit Kommentar, 13. Aufl. hrsg. von F. Makower, 2 Bde. Berlin 1906 und 1907, zit. Makower.

Markowitsch, Das Problem der Sonderrechte der Körperschaftsmitglieder, Berlin 1910.
Die gesamten Materialien zum Bürgerlichen Gesetzbuch, hrsg. von Mugdan. 5 Bde. Berlin 1899.
Die gesamten Materialien zu den Reichsjustizgesetzen, hrsg. von Hahn und Mugdan. 6 Bde.: Materialien zum HGB. Berlin 1897, zit. Hahn-Mugdan.
Monatsschrift (früher Wochenschrift) für Handelsrecht und Bankwesen, Steuer- und Stempelfragen, begründet von Holdheim, zit. Holdheim.
Obst, Das Buch des Kaufmanns, 3. Aufl. Leipzig 1909.
Passow, Die wirtschaftliche Bedeutung und Organisation der Aktiengesellschaft, Jena 1907.
Pauly, Die Sonderrechte der Aktionäre, Jena 1907.
Pinner, Das deutsche Aktienrecht, Kommentar zu Buch 2, Abschnitt 3 und 4 des Handelsgesetzbuchs, Berlin 1899, zit. Pinner.
Planck, Kommentar zum Bürgerlichen Gesetzbuch, 6 Bde. 3. Aufl. Berlin 1905 ff.
Reis, Zeichnung und Uebernahme von Aktien, Berlin 1907.
Renaud, Das Recht der Aktiengesellschaften, 2. Aufl. Leipzig 1875.
Rießer, Die Neuerungen im deutschen Aktienrecht, Berlin 1899.
Ring, Das Reichsgesetz betr. die Kommanditgesellschaften auf Aktien und die Aktiengesellschaften, Berlin 1886.
Ritter, Die allgemeinen Lehren des Handelsrechts, Berlin 1900.
Ritter, Das Handelsgesetzbuch mit Ausschluß des Seerechts, Berlin 1910, zit. Ritter.
Runkel-Langsdorff, Die Folgen des Erwerbs eigener Aktien durch die Aktiengesellschaft, Leipzig 1906.
Salings Börsenpapiere, I. Allgemeiner Teil, 14. Aufl. Berlin 1913.
Schütz, Handbuch für den Bankverkehr, Wien und Leipzig 1912.
Seufferts Archiv für Entscheidungen der obersten Gerichte in den deutschen Staaten, zit. SeuffA.
Staubs Kommentar zum Handelsgesetzbuch, 9. Aufl. bearbeitet von Könige, Pinner und Bondi, 2 Bde. Berlin 1913, zit. Staub.
Staubs Kommentar zum Gesetz betr. die Gesellschaften mit beschränkter Haftung, 4. Aufl. bearbeitet von Hachenburg.
Staudingers Kommentar zum Bürgerlichen Gesetzbuch, 5 Bde. 7. und 8. Aufl. München 1912, 1913, zit. Staudinger.
Stein, Die Zivilprozeßordnung für das Deutsche Reich, Tübingen 1911 und 1913, zit. Stein, ZPO.
Steinitzer, Oekonomische Theorie der Aktiengesellschaft, Leipzig 1908.
Zeitschrift für das gesamte Handelsrecht, begründet von L. Goldschmidt, zit. Goldschmidt.

I. Kapitel.

Begriff und juristische Natur des Bezugsrechts.

Die Erhöhung des Grundkapitals einer Aktiengesellschaft erfolgt durch Ausgabe neuer Aktien. Es ist für die bisherigen Aktionäre der Gesellschaft nicht gleichgültig, wer diese neuen Aktien erwirbt; denn, abgesehen davon, daß sich die einzelnen Aktionäre durch jeden Neuerwerb von Aktien der Gesellschaft einen erhöhten Einfluß bei der Beschlußfassung innerhalb der Gesellschaft sichern können,[1]) haben sie, wie wir im Verlauf dieser Darstellung noch näher sehen werden, in den meisten Fällen ein wirtschaftliches Interesse daran, diese neuen Aktien selbst zu erwerben. Das deutsche HGB. hat die Berechtigung dieses Interesses anerkannt und in § 282 Abs. 1 den einzelnen Aktionären ein prinzipielles Recht der Gesellschaft gegenüber eingeräumt, die neuen Aktien für sich zu verlangen, indem es sagt: „Jedem Aktionär muß auf sein Verlangen ein seinem Anteil an dem bisherigen Grundkapital entsprechender Teil der neuen Aktien zugeteilt werden, soweit nicht in dem Beschluß über die Erhöhung des Grundkapitals ein anderes bestimmt ist.“ Dies ist das sogen. Bezugsrecht der Aktionäre. In Anlehnung an den Wortlaut des Gesetzes ergibt sich demnach folgende Definition des Bezugsrechts:

Bezugsrecht ist das den Aktionären einer Aktiengesellschaft zustehende Recht, bei einer Erhöhung des Grundkapitals der Aktiengesellschaft einen Teil der neuen Aktien zu verlangen. Das Bezugsrecht steht allen Aktionären kraft des Gesetzes nach einem einheitlichen Maßstab zu, jedoch nur, soferne es nicht durch den Beschluß über die Erhöhung des Grundkapitals modifiziert oder gänzlich ausgeschlossen ist.

Aus dieser Definition erhellt, daß der Kern des Bezugsrechts ein Anspruch des Aktionärs gegen die Aktiengesellschaft als Ganzes ist. Damit ist das Bezugsrecht seinem wesentlichen Inhalt nach als ein Forderungsrecht charakterisiert. Das Forderungs-

[1]) § 252 HGB.

recht ist gerichtet, wie das Gesetz sagt, auf einen dem Anteil des Aktionärs am bisherigen Grundkapital entsprechenden Teil der neuen Aktien. Unter „Aktien" versteht das Gesetz hier primär nicht etwa die Aktienurkunde, sondern das Aktienrecht, d. h. den Komplex der Mitgliedschaftsrechte des Aktionärs. Das Bezugsrecht ist daher das bei einer Grundkapitalserhöhung dem Mitglied der Aktiengesellschaft zustehende Recht auf den Erwerb weiterer Mitgliedschaftsrechte in der Aktiengesellschaft. Allerdings: Es ist üblich und nach einer von vielen Schriftstellern vertretenen Ansicht sogar notwendig,[2]) daß über das Mitgliedschaftsrecht eine Urkunde ausgegeben wird. Soweit Urkunden über das Aktienrecht ausgegeben werden, hat der Aktionär ein Recht auf diese Urkunde, folglich hat auch der Aktionär, der ein Recht auf den Erwerb von Mitgliedschaftsrechten hat, ein Recht auf den Erwerb dieser Urkunden, und zwar sowohl auf den Erwerb der Aktienurkunde im eigentlichen Sinn (kurz „Aktie" genannt), wie auch auf den Erwerb der etwa nach § 179 Abs. 3 Satz 2 HGB. ausgegebenen Interimsscheine. Das Bezugsrecht ist also eine Forderung, gerichtet auf den Erwerb von Mitgliedschaftsrechten, sowie auf den Erwerb der etwa darüber ausgestellten Urkunden.

Der Umfang dieses Forderungsrechtes muß, wie das Gesetz sagt, dem Anteil des Aktionärs an dem bisherigen Grundkapital entsprechen. Damit stellt das Gesetz das Prinzip der Proportionalität des Bezugsrechts auf und folgt damit dem allgemeinen Prinzip des Rechts der Aktiengesellschaft überhaupt, wonach Rechte und Pflichten der Aktionäre sich im allgemeinen nach ihrem Anteil am Grundkapital abstufen sollen, dem sogen. „Aktienprinzip". Näheres über die Durchführung dieses Prinzips soll unten gesagt werden.[3])

Zunächst ist folgendes, das von grundlegender Bedeutung für das Bezugsrecht ist, hervorzuheben: Das Bezugsrecht ist nach der oben gegebenen Definition ein Recht, das zwar vom Gesetz als normales, im Zweifel jedem Aktionär zustehendes Recht statuiert ist;[4]) aber die Generalversammlung ist in der Lage, davon abweichende Bestimmungen zu treffen. Sie kann festsetzen, sowohl, daß das Bezugsrecht nicht allen Aktionären im Verhältnis ihres bisherigen Grundkapitalsanteils zustehen soll, daß also das

---

[2]) Staub, Anm. 10 und 11 zu § 179; Lehmann-Ring, Anm. 3 zu § 179; Pinner, Anm. 5a zu § 179; Lehmann Bd. I S. 197f.; a. A. Makower, Anm. IIa zu § 179.

[3]) Unten Kap. II S. 14f.

[4]) RG. Bd. 67 S. 108: „Das Gesetz betrachtet das Bezugsrecht der Aktionäre als die Regel".

erwähnte Prinzip der Proportionalität außer Kraft gesetzt werden soll, als auch, daß ein Bezugsrecht der Aktionäre überhaupt nicht bestehen soll. Damit sehen wir schon, daß für die rechtliche Natur des Bezugsrechts zwei Zeitabschnitte scharf zu unterscheiden sind:

Einmal der Zeitraum vor dem Generalversammlungsbeschluß über die Erhöhung des Grundkapitals. Hier ist über das Bezugsrecht noch alles im Unklaren. Es ist nicht gewiß, ob der aus dem Bezugsrecht sich ergebende Anspruch jemals entstehen wird und es ist ferner unsicher, in welchem Maße dieser Anspruch für den einzelnen Aktionär entstehen wird. Beides ist abhängig von dem Beschluß, den die Generalversammlung hierüber fassen wird. Selbst wenn im Statut den Aktionären schon von vorneherein ein Bezugsrecht im gesetzlichen oder in einem anderen Umfang eingeräumt wäre, würde dies keine Gewähr dafür bieten, daß im Fall der Kapitalserhöhung diese statutarische Bestimmung auch Wirksamkeit haben würde. Denn der Generalversammlung gegenüber, die über die Erhöhung des Grundkapitals beschließt, ist diese statutarische Bestimmung nicht bindend. Das Gesetz sagt das ausdrücklich in § 283 Abs. 2 HGB. mit den Worten: „Eine Zusicherung (von Bezugsrechten), die vor dem Beschlusse über die Erhöhung des Grundkapitals geschieht, ist der Gesellschaft gegenüber unwirksam.“[5]) — Trotzdem ist das Bezugsrecht in diesem Stadium nicht ohne rechtliche Bedeutung: Der Aktionär kann bei der Abstimmung über das Bezugsrecht mitwirken; er hat ferner die Gewißheit, daß ihm das Bezugsrecht nur durch gültigen Generalversammlungsbeschluß genommen werden kann,[6]) er hat ferner ein Recht der Anfechtung[7]) eines gesetz- oder statutenwidrigen Beschlusses über das Bezugsrecht.[8]) Jedoch der Eintritt der vollen Rechtswirkung des Bezugsrechts ist abhängig von dem erwähnten Beschluß der Generalversammlung. Diese rechtliche Erscheinung, daß der Eintritt einer Rechtswirkung von der Gestaltung gewisser tatsächlicher Verhältnisse abhängig ist, ist nichts anderes, als eine Bedingung, und somit ist das Bezugsrecht in dem Stadium vor dem Kapitalserhöhungsbeschluß ein bedingtes Recht, und

---

[5]) Diese Bestimmung bezieht sich sowohl auf Zusicherungen von Bezugsrechten an Dritte, wie auch an Aktionäre selbst. Vgl. Staub, Anm. 8 zu § 282; Makower, Anm. III zu § 283; Lehmann-Ring Nr. 1 zu § 283, Nr. 2 zu § 282. — Ferner unten Kap. IX S. 84 ff.

[6]) Unten Kap. V S. 42.

[7]) Unten Kap. VIII S. 75 f.

[8]) Wir folgen hier dem Gedankengang, den Pinner bei der ganz ähnlichen Gestaltung des Dividendenrechtes vor Festsetzung der Dividende entwickelt. Vgl. seinen Kommentar Anm. II, 1 zu § 213.

zwar ein aufschiebend bedingtes Recht: Die Entstehung des Anspruchs auf die neuen Aktien ist abhängig von dem Umstand, daß die Generalversammlung nichts Gegenteiliges beschließt.

Dieser ganze rechtliche Charakter des Bezugsrechts ändert sich aber von dem Generalversammlungsbeschluß an, der das Bezugsrecht bestätigt, sei es, indem er überhaupt über das Bezugsrecht schweigt — dann tritt das Bezugsrecht kraft Gesetzes in dem gesetzlichen Umfang ein — sei es, indem er das gesetzliche Bezugsrecht ausdrücklich bestätigt. Durch diesen Generalversammlungsbeschluß ist die Ungewißheit über die Gestaltung des Bezugsrechts beseitigt worden, die Bedingung ist erfüllt, das Bezugsrecht ist jetzt ein unbedingter Anspruch geworden.[9]) Dieser Anspruch bleibt von da ab der wesentliche und eigentliche Inhalt des Bezugsrechts und deshalb rechtfertigt es sich, das Bezugsrecht unter die Forderungsrechte einzureihen.

Übrigens pflegt man in Laien- wie Juristenkreisen, wenn vom Bezugsrecht die Rede ist, im allgemeinen nur den Fall darunter zu verstehen, daß tatsächlich bei einer Erhöhung des Grundkapitals der erwähnte Anspruch den Aktionären zugestanden wurde, also das „unbedingte" Bezugsrecht und es ist auch ganz unbedenklich, sich diesem Sprachgebrauch anzuschließen, denn der Inhalt des „bedingten Bezugsrechts", wie es oben geschildert wurde, ist ein so farbloser, daß er kaum große, praktische Bedeutung gewinnen wird.

Jedoch ist diese Unterscheidung wichtig für die Untersuchung der theoretischen Natur des Bezugsrechts, so namentlich bei Untersuchung der Frage, unter welche Kategorie der Aktionärrechte im allgemeinen wir das Bezugsrecht einzureihen haben.

Eine beliebte Einteilung der Aktionärrechte ist die in Mitgliedschafts- oder Mitverwaltungsrechte und Forderungs- oder Gläubigerrechte. Erstere sind „Rechte, die Schicksale der Gesellschaft mitzubestimmen, gesellschaftliche Herrschaftsrechte".[10]) Es ist nach dem Gesagten klar, daß das Bezugsrecht seinem wesentlichen Inhalt nach kein derartiges Recht darstellt, sondern sich unter die Forderungsrechte der Aktionäre einreihen muß. Jedoch haben wir gesehen, daß in dem „bedingten Bezugsrecht" auch andersartige Bestandteile stecken, die sich den Mitverwaltungsrechten nähern, doch sind sie praktisch zu bedeutungslos, als daß sie den Grundcharakter des Bezugsrechts als Gläubigerrecht des Aktionärs ändern können.[11])

---

[9]) Auch Makower, Anm. I zu § 282, unterscheidet zwischem bedingtem und unbedingtem Bezugsrecht.

[10]) Staub, Anm. 1 zu § 250.

[11]) Ebenso Gareis, „Lehrbuch des Handelsrechts", S. 270 unter B; Cosack, S. 742, 2 a β, bezeichnet das Bezugsrecht der Aktionäre als Mitgliedsrecht, doch

Neben dieser genannten Einteilung pflegt man eine Gruppe von Rechten der Aktionäre im Gegensatz zu den übrigen Aktionärrechten ganz besonders hervorzuheben, nämlich die sogen. Sonderrechte der Aktionäre. Es ist dies einer der umstrittensten Begriffe nicht nur des Aktienrechtes, sondern des Gesellschaftsrechts überhaupt, und es kann nicht unsere Aufgabe sein, diese ganze Streitfrage hier ausführlich aufzurollen. Aber es ist unerläßlich, hierüber das Wichtigste kurz hervorzuheben. Die grundlegende Gesetzesbestimmung ist der § 35 BGB., wo es heißt: „Sonderrechte eines Mitglieds können nicht ohne dessen Zustimmung durch Beschluß der Mitgliederversammlung beeinträchtigt werden.“ Auf die Aktiengesellschaft übertragen[12]) heißt das: Sonderrechte der Aktionäre können ihnen durch Beschlüsse der Generalversammlung ohne ihre Zustimmung nicht geschmälert werden. Diese Unentziehbarkeit ist nach dem klaren Wortlaut des Gesetzes ein für den Begriff des Sonderrechts wesentliches Merkmal.[13]) Mit dieser Definition der Sonderrechte als unentziehbare Rechte hat sich eine Reihe von Schriftstellern begnügt und sie wollen von Fall zu Fall beurteilen, ob ein Recht dazu gehört, oder nicht.[14]) Andere haben diesen Begriff der Sonderrechte ganz verworfen und wollen als Sonderrechte nur diejenigen unentziehbaren Rechte bezeichnen, die einzelnen Mitgliedern im Gegensatz zu anderen vor diesen voraus zustehen (sogen. „Vorrechte“).[15])

Diese Meinung scheidet also diejenigen unentziehbaren Rechte, die allen Mitgliedern zustehen, aus dem Kreis der Sonderrechte

---

meint er hier das bedingte Bezugsrecht, als eine sehr wohl zu verteidigende Bezeichnung. Daß Cosack das „unbedingte Bezugsrecht“ als Gläubigerrecht bezeichnen würde, läßt sich aus seinen Ausführungen über das Dividendenrecht auf S. 764 unter 2 folgern.

[12]) Dieser Paragraph findet auf die Aktiengesellschaft Anwendung zufolge Art. 2 EG. HGB. Bestritten wird das von Staub, Anm. 6—10 zu § 178, doch steht er damit im Gegensatz zu den früheren Auflagen des Staubschen Kommentars und zur überwiegenden Mehrzahl der Schriftsteller und zur Praxis. Vgl. auch Eichmann, „Sind auf eine Aktiengesellschaft die Vorschriften des BGB. über rechtsfähige Vereine anwendbar“, S. 49.

[13]) Als nicht begriffswesentlich, sondern nur als Folge der Sonderrechtsnatur bezeichnet nur Markowitsch, „Das Problem der Sonderrechte der Körperschaftsmitglieder“, S. 22 f. die Unentziehbarkeit.

[14]) So Makower, Anm. IIa zu § 250. Ebenso Alexander, „Die Sonderrechte der Aktionäre“, S. 3 ff. Auch Gierke ist hierher zu zählen (Iherings Jahrbücher Bd. 35, 1896, S. 190).

[15]) So vor allem Laband in Hirths Annalen des Deutschen Reichs, 1874, S. 1499 f. Ihm folgen u. a. Cosack S. 746 f.; ferner Bachmann, „Die Sonderrechte der Aktionäre“, S. 47, 49 f.; Hasemann, „Das Recht des einzelnen Aktionärs“, S. 11 f. — Pauly, „Die Sonderrechte der Aktionäre“, S. 35 ff. will

aus; doch ist nicht einzusehen, warum die übrigen unentziehbaren Rechte, auf die doch dieselben allgemeinen Rechtsgrundsätze Anwendung finden, nicht hieher gerechnet werden sollen. Wieder eine andere Gruppe von Schriftstellern bezeichnet zwar als Sonderrechte alle Rechte, die unentziehbar sind, erklärt jedoch diese Begriffsbestimmung für noch nicht genügend, sondern verlangt noch ein besonderes Kriterium, aus dem sich die Unentziehbarkeit des Rechts folgern läßt. So verlangt man z. B., daß die Verletzung des Rechts mit den grundlegenden Prinzipien des Aktienrechts, insbesondere dem Prinzip der Gleichberechtigung im Widerspruch stehen würde,[16]) oder, daß das Recht für den Durchschnittsaktionär von solcher Wichtigkeit ist, daß er ohne dasselbe nicht der Aktiengesellschaft beigetreten wäre,[17]) oder, dem Sinne nach ähnlich, daß das Recht von fundamentaler Wichtigkeit für den Kontrahenten (d. h. den der Aktiengesellschaft Beitretenden) ist,[18]) oder endlich, daß die gesetzliche Bestimmung, welche das Sonderrecht statuiert, zwingender, öffentlich-rechtlicher Natur ist.[19])

Was nun das Bezugsrecht betrifft, so ist es jedenfalls nicht nötig, hier nach einem besonderen Kriterium seiner Entziehbarkeit bzw. Unentziehbarkeit zu suchen, da das Gesetz selbst hierüber zwingende Bestimmungen getroffen hat: Daß das, was wir oben als „bedingtes Bezugsrecht" bezeichnet haben, kein unentziehbares Recht ist, haben wir gesehen. Wir wiederholen, daß nach § 282 Abs. 1 die Generalversammlung das Recht hat, das Bezugsrecht auszuschließen und daß dies Recht auch durch allenfallsige entgegenstehende Bestimmungen des Statuts nicht geschmälert werden kann. Hier kann also von Unentziehbarkeit nicht die Rede sein.[20]) Diese Sachlage ändert sich vollkommen, sobald der Kapitalserhöhungsbeschluß das Bezugsrecht den Aktionären einräumt, sobald das Bezugsrecht ein „unbedingtes" geworden ist. Denn dann greift § 283 Abs. 1 HGB. ein, der sagt: „Eine Zusicherung von Rechten auf den Bezug neu auszugebender Aktien kann nur unter Vorbehalt des in § 282 bezeichneten Rechtes der Aktionäre erfolgen."

---

als Sonderrechte nur die Mitgliedschaftsrechte gelten lassen, die sich von den gewöhnlichen Mitgliedschaftsrechten unterscheiden und daher auf besonderem Titel (Vertrag) beruhen müssen.

[16]) Staub, Anm. 9 zu § 250.

[17]) Lehmann Bd. 2 S. 206.

[18]) Pinner, Anm. III, 2a zu § 250.

[19]) Lehmann-Ring, Nr. 4b zu § 250. Dies ist die Ansicht von Ring, wie aus einer Vergleichung von zweiter und erster Auflage im Zusammenhalt mit dem Vorwort zur 1. Auflage hervorgeht.

[20]) Vgl. hiezu RG. Bd. 68 S. 244 f.

Danach kann, sobald und soweit das Bezugsrecht den Aktionären eingeräumt ist, einem andern ein Bezugsrecht nur eingeräumt werden unter Vorbehalt des Bezugsrechts der Aktionäre, d. h. das Bezugsrecht könnte einem Aktionär wieder entzogen werden nur mit seiner Zustimmung, das Bezugsrecht ist also dann ein unentziehbares Recht im Sinne des § 35 BGB. geworden. Daß diese Bestimmung des § 283 Abs. 1 HGB. zwingenden Charakter hat, folgt aus dem Wörtchen „kann".[21])

Somit ist für die Frage, ob das unbedingte Bezugsrecht unter die Sonderrechte der Aktionäre einzureihen ist, nur zu zwei Gruppen der Sonderrechtstheorien Stellung zu nehmen. Nach den Theorien, die als Sonderrechte einfach die unentziehbaren Rechte bezeichnen und ferner nach den Theorien, nach denen Sonderrechte die unentziehbaren Rechte sind, falls noch eines der besonderen Kriterien erfüllt ist, die wir oben aufgezählt haben, ist das unbedingte Bezugsrecht zweifellos ein Sonderrecht. Denn es ist nach dem Gesetz ein unentziehbares Recht und jedes der angeführten Kriterien trifft auf das Bezugsrecht zu. Dagegen nach den Theorien, die Sonderrechte = Vorrechte setzen, ist das Bezugsrecht nur dann ein Sonderrecht, wenn es einzelnen Aktionären oder einzelnen Gruppen von Aktionären im Gegensatz zu den anderen Aktionären eingeräumt wurde, in dem Normalfall dagegen, daß es allen Aktionären zusteht, wäre es dann kein Sonderrecht. Die Frage spitzt sich also für uns dahin zu: Sind unter Sonderrechten bei der Aktiengesellschaft nur die unentziehbaren Vorrechte einzelner Mitglieder, oder die unentziehbaren Rechte aller Mitglieder zu verstehen? Die letztere Ansicht dürfte die richtigere sein. Aus folgenden Gründen: Das ganze Recht der Aktiengesellschaft ist im allgemeinen von dem Prinzip beherrscht, daß Mehrheitsbeschlüsse der Mitgliederversammlung jeden Einzelnen binden. Es ist dies Prinzip notwendig, um überhaupt den Willen der Aktiengesellschaft in die Erscheinung treten lassen zu können. Aber dieses Prinzip muß seine Grenze haben, es muß eine Rechtssphäre geben, wo der Mehrheitswille keinen Einfluß mehr haben darf; denn sonst wäre es denkbar, daß die Mehrheit, unter Umständen ein einziger Aktionär den übrigen Aktionären die Rechte entziehen könnte, die für ihre Aktionäreigenschaft wesentlich sind, z. B. das Stimmrecht oder das Recht auf Mitgliedschaft. Die erforderliche Grenze zieht § 35 BGB., indem er die Gruppe der Sonderrechte als durch Mehrheitsbeschlüsse unentziehbar erklärt. Diese Unent-

[21]) So auch Pinner, Anm. II, 2 zu § 283.

ziehbarkeit muß sich auf die Sonderrechte aller Mitglieder erstrecken; der § 35 würde seinen Zweck verfehlen, wenn er nur die Vorrechte, die einzelnen Mitgliedern zustehen, für unentziehbar erklärt hätte.[22]) Daß dies auch der Wille der Gesetzgeber war, geht daraus hervor, daß die Protokolle zum allgemeinen Teil des BGB.[23]) ganz allgemein von „Sonderrechten der Mitglieder" und nicht von unentziehbaren Rechten einzelner Mitglieder sprechen. Auch das Reichsgericht teilt diesen Standpunkt in mehreren Entscheidungen.[24]) Man kann auch nicht etwa die Terminologie „Sonderrecht" zum Beweis dafür heranziehen, daß damit nur die Rechte einzelner Mitglieder oder Mitgliedergruppen gemeint sein sollen; zwar könnte das Wort „Sonderrecht" im Sinne von Vorrecht gemeint sein, aber es kann ebensogut auch als das Recht jedes Mitglieds aufgefaßt werden, kraft dessen es dem Verein als „besonderer", als Individuum gegenübersteht.[25]) Das Resultat ist also: Sonderrechte sind die unentziehbaren Rechte aller Mitglieder der Aktiengesellschaft. Angewendet auf das Bezugsrecht heißt das:

Das bedingte Bezugsrecht ist kein Sonderrecht, das unbedingte Bezugsrecht ist ein Sonderrecht der Aktionäre.[26]) Die wichtige praktische Konsequenz dieses Ergebnisses werden wir kennen lernen bei der Darstellung des Rechtsschutzes des Bezugsrechts.[27])

Aber in dem Charakter des Bezugsrechts tritt noch eine weitere Wandlung ein. Soweit wir es bisher verfolgt haben, war es ein Recht des Aktionärs, es war an die Eigenschaft des Berechtigten als Mitglied der Aktiengesellschaft gebunden. Diesen Charakter verliert das Bezugsrecht in dem jetzt zu betrachtendem Stadium. Dieses Stadium beginnt mit dem Zeitpunkt, in welchem der Aktionär sein unbedingtes Bezugsrecht der Gesellschaft gegenüber geltend macht, und zwar dadurch, daß er gegenüber der Gesellschaft das „Verlangen stellt" (vgl. den Wortlaut des § 282 Abs. 1 HGB.: „Auf sein Verlangen"), neue Aktien zugeteilt zu erhalten,

[22]) Ähnlich wird dies dargelegt von Staub, Anm. 9 zu § 250. Vgl. auch Lehmann Bd. II S. 202 f.

[23]) Vgl.: Die gesamten Materialien zum BGB., herausgegeben von Mugdan Bd. I S. 623 f., Protokolle S. 1063.

[24]) RG. Bd. 41 S. 99. Ferner Holdheim Bd. 13 S. 137. Im entgegengesetzten Sinne allerdings RG. Bd. 49 S. 151.

[25]) Vgl. hiezu die genannte Schrift von Pauly S. 15 f.

[26]) Mit diesem Ergebnis stimmen auch alle die Schriftsteller überein, die sich zu der Theorie: Sonderrechte = die unentziehbaren Rechte aller Mitglieder bekennen. Vgl. z. B. Staub, Anm. 2 zu § 282; Makower, Anm. II c 7 zu § 250 und Anm. I zu § 282; Ritter, Anm. 1 zu § 282; Gierke bei Goldschmidt Bd. 45, 1896, S. 498.

[27]) Unten Kap. VIII S. 73 ff.

das heißt dadurch, daß er eine formlose, aber empfangsbedürftige Willenserklärung dieses Inhalts der Gesellschaft gegenüber abgibt.[28]) Von dieser Geltendmachung des Bezugsrechts an hat nämlich der Aktionär einen persönlichen Anspruch auf Zuteilung der neuen Aktien erworben, der mit seiner Eigenschaft als bisheriger Aktionär nichts mehr zu tun hat; d. h. wenn er jetzt seine bisherige Aktie veräußern würde und dadurch also seine Aktionäreigenschaft aufgeben würde, so würde dadurch nicht etwa der Erwerber der Aktie Bezugsberechtigter werden, sondern der ursprüngliche Aktionär würde den Anspruch auf die neuen Aktien beibehalten. Wollte er das Bezugsrecht mitveräußern, so wäre dazu ein besonderer Veräußerungsvertrag über das Bezugsrecht notwendig. Mit anderen Worten: Das Bezugsrecht hat seinen Charakter als mitgliedschaftliches Recht verloren, der Bezugsberechtigte steht jetzt in bezug auf das Bezugsrecht der Gesellschaft wie jeder Dritte gegenüber, der aus irgendeinem Grunde eine Forderung gegen die Gesellschaft hat.[29]) Diese Umwandlung ist allerdings im Gesetz nicht direkt ausgesprochen, aber sie läßt sich aus § 282 Abs. 1 HGB. leicht folgern. Dieser Paragraph gibt „jedem Aktionär" ein Bezugsrecht, d. h. jedem, der in der Zeit vom Kapitalserhöhungsbeschluß bis zum Ablauf der für die Ausübung des Bezugsrechts gesetzten Frist (Bezugsfrist)[30]) Aktionär ist; jedoch kann das auf jede Aktie entfallende Bezugsrecht selbstverständlich nur einmal ausgeübt werden; denn sonst wäre ja der Satz umgangen, daß das Bezugsrecht dem Anteil des Aktionärs am bisherigen Grundkapital entsprechen soll. Somit bleibt, wenn man so sagen darf, das Bezugsrecht an der Aktie hängen, bis einer derjenigen, durch dessen Hände die Aktie in dem genannten Zeitraum geht, das Recht gegenüber der Gesellschaft geltend gemacht hat. Von diesem Zeitpunkt an verliert die Aktie das Bezugsrecht und dasselbe bleibt bei demjenigen, der zuerst das Verlangen gegenüber der Gesellschaft gestellt hat. Es findet dies praktisch in der Regel seinen sinnfälligen Ausdruck darin, daß die Aktienurkunde, auf Grund deren das Bezugsrecht durch Stellung des Verlangens geltend gemacht wurde, von der Emissionsstelle[31]) einen Stempelaufdruck erhält, des Inhalts, daß das auf die Aktie entfallende Bezugsrecht ausgeübt wurde. Aktie und Bezugsrecht können von da an ganz verschiedene

[28]) Staub, Anm. 4 zu § 282.

[29]) Ebenso Makower, Anm. IIa zu § 282 und Anm. III zu § 250; Lehmann-Ring, Nr. 3 zu § 282; Lehmann Bd. II S. 465; Ritter, Anm. 2 zu § 282.

[30]) Siehe unten Kap. II S. 16 f. Vgl. auch Makower, Anm. IIa zu § 282.

[31]) Unten Kap. II S. 17.

Wege gehen. Das Bezugsrecht ist ein reines Gläubigerrecht geworden. Die wichtigste Konsequenz davon ist die: Das Bezugsrecht ist von dem erwähnten Zeitpunkt ab ein selbständig (d. h. ohne die Aktie) veräußerliches und vererbliches Recht geworden,[32]) ausgenommen natürlich den Fall, daß die Veräußerlichkeit und Vererblichkeit durch ausdrückliche statutarische Bestimmung oder durch den Kapitalserhöhungsbeschluß besonders ausgeschlossen ist.

Man muß sich aber hüten, diese Loslösung des Bezugsrechts von der Mitgliedschaft und die Umwandlung in ein reines Gläubigerrecht zu übertreiben: Streng genommen wäre daraus die Folge zu ziehen, daß vor der Umwandlung, also bevor der Aktionär das Verlangen gegenüber der Gesellschaft gestellt hat, das Bezugsrecht ein ohne die Aktie unveräußerliches und unvererbliches Recht wäre, daß es dagegen nach dem genannten Zeitpunkt unter allen Umständen veräußerlich und vererblich wäre. Das stimmt nun weder mit der Praxis des Geschäftslebens überein, noch auch müssen wir diese strenge Konsequenz nach dem Gesetz ziehen.

Wir müssen, bevor wir diese Frage untersuchen, zunächst näher betrachten, auf welche Weise denn der Aktionär sein Bezugsrecht gegenüber der Gesellschaft ausübt. Das Gesetz sagt „durch Stellung des Verlangens". Wie aber legitimiert sich der das Verlangen Stellende gegenüber der Gesellschaft als Aktionär? Hier ist zu unterscheiden zwischen Namensaktien und Inhaberaktien.

Für die ersteren gibt das HGB. Aufschluß in § 223 Abs. 3, wonach „im Verhältnis zu der Gesellschaft nur derjenige als Aktionär gilt, welcher als solcher in dem Aktienbuch verzeichnet ist". Das heißt also: Zur Ausübung eines Aktionärrechtes gegenüber der Gesellschaft genügt nicht der bloße Besitz der Aktie, sondern der Besitzer der Aktie muß auch als der berechtigte Eigentümer der Aktie erscheinen, dadurch, daß sein Name als der Name des Eigentümers der betreffenden Aktie in das Aktienbuch der Gesellschaft nach § 222 Abs. 1 HGB. eingetragen ist. Sollte tatsächlich ein anderer Eigentümer der Aktie sein, so mag er vielleicht einen Anspruch auf Berichtigung des Aktienbuchs oder gewisse Ansprüche gegenüber dem nichtberechtigten Besitzer haben, jedenfalls ist die Gesellschaft nur dem gegenüber verpflichtet, der ihr mit seinem Namen als Aktionär bekannt ist. Auf das Bezugsrecht angewendet heißt das: Der Eigentümer einer Namensaktie, der sein Bezugsrecht ausüben will, muß sich der Gesellschaft namentlich

---

[32]) RG. Bd. 65 S. 22. — Ferner RG. in JW. 1901 S. 484 Nr. 7.

anmelden als Aktionär, in der Geschäftssprache nennt man es „decouvrieren".

Ganz anders bei Inhaberaktien. Dieselben sind zwar keine Schuldverschreibungen auf den Inhaber, denn es ist in ihnen ja kein Leistungsversprechen enthalten, aber sie fallen unter die allgemeine Kategorie der Inhaberpapiere und auf diese haben die Bestimmungen des BGB. über Schuldverschreibungen auf den Inhaber insoweit Anwendung zu finden, als diese Fragen regeln, welche die Natur der Inhaberpapiere überhaupt betreffen.[33]) Die wichtigste derartige allgemeine Bestimmung des BGB., die ein wesentliches Merkmal aller Inhaberpapiere festlegt, ist der § 793 Abs. 1. Danach ist der tatsächliche Inhaber eines Inhaberpapiers zur Ausübung des aus dem Papier fließenden Rechts befugt, es sei denn, daß er zur Verfügung über das Papier nicht berechtigt ist. Jedoch braucht derjenige, dem gegenüber das Recht ausgeübt wird, nicht zu prüfen, ob der Inhaber verfügungsberechtigt ist. Angewendet auf das Bezugsrecht bei einer Inhaberaktie heißt das folgendes: Bezugsberechtigt ist an sich der Aktionär; die Gesellschaft (vertreten durch ihre Organe) weiß im allgemeinen nicht, wer ihre Aktionäre sind; wenn also einer das Bezugsrecht ihr gegenüber ausüben will, so muß er sich als Aktionär legitimieren. Dies kann nur dadurch geschehen, daß er die Aktienurkunde vorzeigt. Die Gesellschaft braucht nicht zu prüfen, ob derjenige, der die Aktie vorzeigt, berechtigter Eigentümer derselben ist, sondern sie darf und wird gewöhnlich von dem Präsentanten anstandslos die Geltendmachung des Bezugsrechts entgegennehmen, zumal da sie ja in der Regel gar kein Mittel hat, um festzustellen, ob derjenige, der die Aktie in Händen hat, auch wirklich der Aktionär ist.[34]) Nicht etwa, als ob die Ausübung des Bezugsrechts an den Aktienbesitz gebunden wäre und nicht etwa, als ob in der Aktienurkunde das Bezugsrecht zugesichert wäre, sondern bezugsberechtigt ist an sich nur der wirkliche Aktionär, gleichgültig, ob er die Aktie im Besitz hat oder nicht, aber der tatsächliche Besitzer der Aktie vermag durch diesen Besitz sich als Aktionär zu legitimieren, auch wenn er es nicht ist und die Gesellschaft hat im allgemeinen weder die Möglichkeit, noch auch die Pflicht, dem Besitzer der Aktie nachzuweisen, daß er nicht berechtigter Aktionär ist und sie hat deshalb

---

[33]) Vgl. Staub, Anm. 15 zu § 223; Lehmann Bd. II S. 110f. — Denkschrift zum Entwurf eines HGB. S. 137 bei Hahn-Mugdan Bd. VI S. 303.

[34]) Vgl. Ritter, Anm. 1 zu § 282.

das Recht, den rein tatsächlichen Besitzer zur Ausübung des Bezugsrechts zuzulassen und wird dies auch in der Regel tun.[35])

Was bedeutet das Gesagte nun für die oben aufgeworfene Frage, ob das Bezugsrecht veräußerlich und vererblich ist, auch schon bevor der berechtigte Aktionär den Anspruch aus dem Bezugsrecht gegenüber der Gesellschaft geltend gemacht hat? Die Antwort ergibt sich aus dem Gesagten leicht. Wir müssen unterscheiden zwischen Namens- und Inhaberaktien.

Bei den Namensaktien setzen wir zunächst den Fall, daß sowohl die neuen, als die alten Aktien ohne Zustimmung der Gesellschaft frei veräußerlich sind (vgl. § 222 Abs. 2 HGB.). In diesem Fall könnte ein Aktionär sein Bezugsrecht (ohne die Aktie, was ja bei dieser ganzen Frage stets unsere Voraussetzung ist) veräußern, bevor er es der Gesellschaft gegenüber geltend gemacht hat, aber nicht etwa der Erwerber des Bezugsrechts könnte gegenüber der Gesellschaft den Bezugsanspruch direkt geltend machen — denn er ist weder Aktionär, noch gilt er gegenüber der Gesellschaft als solcher, — sondern geltend machen müßte das Bezugsrecht der bisherige Aktionär; er könnte von der Gesellschaft verlangen, daß sie die neuen Aktien auf seinen Namen einträgt; sobald er dieselben erhalten hat, kann er sie, ohne der Zustimmung der Gesellschaft zu bedürfen, dem Erwerber des Bezugsrechts übereignen, womit dieser einen Anspruch auf Eintragung seines Namens als Aktionär erworben hat. Es ließe sich derselbe Effekt auch auf dem einfacheren Wege erzielen, daß der Aktionär der Gesellschaft mitteilt, er mache sein Bezugsrecht zugunsten des Erwerbers geltend und bitte die Gesellschaft, die neuen Aktien gleich auf den Namen desselben einzutragen. Verpflichtet ist die Gesellschaft hierzu nicht, aber da sie die Aktien natürlich nur gegen Bezahlung des Bezugspreises auszuhändigen hat, so erwächst ihr keine Gefahr, wenn sie diesem Verlangen des Aktionärs stattgibt. Das Bezugsrecht ist also in diesem Fall tatsächlich schon frei veräußerlich, bevor der Aktionär das Verlangen gegenüber der Gesellschaft gestellt hat, formell kann allerdings der zuerst beschriebene Umweg notwendig sein. An dieser Sachlage wäre auch nichts geändert, wenn etwa nur die neuen Aktien der Gesellschaft ohne ihre Zustimmung frei veräußerlich, dagegen die alten vinkuliert wären (wie dies nach § 222 Abs. 2 HGB. möglich ist). Auch in diesem Fall kann die Gesellschaft nicht hindern, daß der Aktionär

[35]) Daß dies auch der Standpunkt des Gesetzes ist, kann man aus § 230 HGB. folgern.

sein Bezugsrecht veräußert, denn sie könnte ja auch nicht hindern, daß er die neuen Aktien veräußert.

Anders liegt es, wenn die neuen Aktien der Gesellschaft vinkuliert sind (gleichgültig, ob es die alten sind oder nicht). In diesem Fall könnte der Aktionär, der sein Bezugsrecht veräußert hat, von der Gesellschaft nur die Eintragung auf seinen Namen verlangen; er könnte die dann erhaltenen neuen Aktien auf den Erwerber des Bezugsrechts nur übertragen, falls die Gesellschaft dem beistimmt. Die Gesellschaft hat also ein Recht, zu verhindern, daß der Erwerber des Bezugsrechts Aktionär wird. (Aus welchen Gründen sie dies tun will, ist eine Frage für sich; gewöhnlich ist der Grund der, daß auf derartige Namensaktien nur ein Teil der vollen Einlage zu leisten ist, — § 179 Abs. 3 HGB. — und daß der Erwerber nicht genügend solvent erscheint für den Rest der Einlage.) Dies gilt hier aber, unabhängig davon, ob der Aktionär die Veräußerung vornimmt, vor oder nach Geltendmachung des Bezugsrechts. Das Bezugsrecht ist also in diesem Fall sowohl vor als auch nach seiner Geltendmachung nicht frei, sondern nur mit Zustimmung der Gesellschaft veräußerlich.

Ganz anders verhält es sich bei den Inhaberaktien. Wenn hier der Eigentümer der Aktien sein Bezugsrecht veräußern will, so braucht er nach dem oben Gesagten dem Erwerber nur die Aktienurkunde auszuhändigen. Damit kann sich dieser gegenüber der Gesellschaft als Aktionär legitimieren und seinerseits das Bezugsverlangen gegenüber der Gesellschaft stellen; wir haben es hier mit einem Fall der sogen. cessio in legitimationem zu tun.[36] Die Gesellschaft hat weder die Pflicht, noch gewöhnlich einen Anlaß, die Verfügungsberechtigung des Präsentanten zu prüfen. Auf diesem Weg ist es also möglich, das Bezugsrecht jederzeit frei zu veräußern, ohne es zuvor gegenüber der Gesellschaft geltend gemacht zu haben; das Bezugsrecht kann so durch viele Hände gehen und in der Regel wird erst der letzte Erwerber desselben es gegenüber der Gesellschaft geltend machen.

Ganz analoge Vorschriften lassen sich für die Vererblichkeit des Bezugsrechts aufstellen. —

Ergebnis: Das Bezugsrecht ist vor dem Kapitalserhöhungsbeschluß ein bedingtes Sonderrecht des Aktionärs, nach dem Beschluß ein unbedingtes Sonderrecht, von der Geltendmachung an ein reines Gläubigerrecht, letzteres jedoch mit der Maßgabe, daß es schon, bevor es zum reinen Gläubigerrecht wurde, im allgemeinen

---

[36]) Staub Anm. 16 zu § 222 und 17 zu § 223.

frei veräußert (und vererbt) werden kann, mit Ausnahme des Falls der Namensaktien: Hier kann die Gesellschaft, falls die neuen Aktien vinkuliert sind, jederzeit die Veräußerung des Bezugsrechts hindern, falls sie nicht vinkuliert sind, kann sie vor Geltendmachung des Bezugsrechts seine Veräußerung wenigstens formell verhindern.

II. Kapitel.

Fortsetzung: Die gesetzlichen Modalitäten der Ausübung des Bezugsrechts.

Zu dem Begriffe des Bezugsrechts gehören auch die vom Gesetz geforderten Modalitäten seiner Ausübung, und zwar sind dies hauptsächlich folgende: Die Proportionalität des Bezugsrechts, der Bezugspreis und die Bezugsfrist.

Das Prinzip der Proportionalität des Bezugsrechts besteht, wie schon dargelegt, darin, daß der Teil der neuen Aktien, den der Aktionär für sich fordern kann, seinem Anteil am bisherigen Grundkapital entsprechen muß (§ 282 Abs. 1). Es kommt also darauf an, mit wie vielen Aktien im Sinne von Anteilrechten der Aktionär bisher an der Gesellschaft beteiligt war. Dieser Anteil wird selbstverständlich durch den Nominalwert der Aktien ausgedrückt und nicht etwa durch den Kurswert oder den tatsächlichen Erstehungspreis derselben. Es ist auch ganz gleichgültig, ob diese bisherigen Aktien etwa mit besonderen Vorrechten ausgestattet sind; denn auch das ist für den Anteil des Aktionärs am bisherigen Grundkapital ohne Einfluß.[1]) Wenn also z. B. eine Aktiengesellschaft, deren Grundkapital 10 Millionen Mark beträgt, das in 10000 Aktien mit einem Nominalbetrag von je 1000 Mark zerlegt ist, eine Grundkapitalserhöhung um 1 Million Mark, zerlegt in 1000 Aktien zu 1000 Mark, vornimmt, so kann der Aktionär, der bisher mit 100 Aktien zu 1000 Mark an der Gesellschaft beteiligt war, 10 neue Aktien verlangen; denn er war an dem bisherigen Grundkapital mit $^1/_{100}$stel beteiligt, folglich ist er auch an dem Betrag, um den das Grundkapital erhöht wird, mit ein Hundertstel zu beteiligen und es ist dabei ganz gleichgültig, ob die alten oder die neuen Aktien etwa tatsächlich je 2000 Mark wert sind; denn dadurch wird an dem Bruchteil, mit dem der Aktionär am Grundkapital der Gesellschaft beteiligt ist, nichts geändert. Der Aktionär, der in diesem Fall mit 10 Aktien beteiligt war, kann eine neue Aktie verlangen; die Proportion beträgt 10:1, oder, wie man sich im Geschäftsleben ausdrückt, es „trifft auf je 10 alte Aktien eine

[1]) Vgl. Staub, Anm. 4 zu § 282; Pinner, Anm. II, 4 zu § 282.

neue". Wie aber, wenn ein Aktionär weniger als die 10 Aktienrechte hat, die erforderlich sind, um das Bezugsrecht auf 1 neue Aktie ausüben zu können? Dann hat er nicht etwa einen Anspruch auf einen Bruchteil einer der neuauszugebenden Aktien, da die Aktien nach § 179 Abs. 1 HGB. unteilbar sind. Vielmehr entsteht dann eine gemeinsame Bezugsmitberechtigung nach Bruchteilen unter denjenigen Aktionären, deren Aktien zusammen ein Bezugsrecht auf eine ganze Aktie gewähren;[2]) ebenso entsteht dann an der Aktie, die die Mitbezugsberechtigten gemeinsam erhalten, eine Gemeinschaft nach Bruchteilen, auf die die Vorschriften des § 225 HGB. Anwendung finden; das ist die theoretische Lösung dieser Frage. Im praktischen Geschäftsleben hilft man sich anders: nämlich durch einen Zukauf der noch fehlenden Bruchteile des Bezugsrechts („Spitzen") bzw. durch einen Verkauf der eigenen Bruchteile („krumme Beträge"). Davon wird unten noch zu handeln sein. — Diese ganze Vorschriften über die Proportionalität des Bezugsrechts sind übrigens, — wie schon öfters erwähnt, — nur dispositiver Natur.

Bezüglich des Bezugspreises gilt folgendes: Es ist darunter zu verstehen der Betrag, zu welchem die neuen Aktien an die Aktionäre hinausgegeben werden. § 282 Abs. 2 HGB. verlangt nun, daß er von dem Vorstand in den Gesellschaftsblättern veröffentlicht werden muß. (Unter den Gesellschaftsblättern sind zu verstehen, der Reichsanzeiger, sowie die durch den Gesellschaftsvertrag für die Veröffentlichungen der Gesellschaft bestimmten Blätter, vgl. § 219 Abs. 2 im Zusammenhang mit § 182 Abs. 3 HGB.) Diese Bekanntmachung des Vorstands muß sich selbstverständlich mit dem decken, was die Generalversammlung über den Ausgabekurs beschlossen hat;[3]) die Aktionäre haben ein Recht darauf, die Aktien zu keinem höheren, als dem von der Generalversammlung festgesetzten Preis zu beziehen:[4]) Das Gesetz hat die Generalversammlung zum ausschlaggebenden Faktor bei der Gestaltung des Bezugsrechts gemacht; deshalb entspricht es auch dem Sinn des Gesetzes, daß die Aktionäre ein Recht darauf haben, daß die Beschlüsse der Generalversammlung strikt eingehalten werden. Auch falls der Vorstand absichtlich oder versehentlich einen niedrigeren Preis veröffentlicht, als die Generalversammlung beschlossen hat, wäre der von der General-

[2]) Ebenso Makower Anm. IIc zu § 282; Lehmann-Ring, Anm. 4 zu § 282; Ritter, Anm. 1 zu § 282; Brand Anm. 3a zu § 282.

[3]) So auch Pinner, Anm. II Abs. 1 zu § 282.

[4]) Staub, Anm. 5 zu § 282; Lehmann-Ring, Anm. 5 zu § 282; anders Makower Anm. VIIIc zu § 278.

versammlung festgesetzte Preis maßgebend. Sollte ein Aktionär hiedurch einen Schaden erlitten haben (z. B. indem er in Hinblick auf den Gewinn, den er durch den Bezug der billigen Aktien glaubte machen zu können, andere Wertpapiere unter Verlust verkaufte, um Geld flüssig zu haben), so kann man ihm wohl einen Schadensersatzanspruch gegen den Vorstand nach § 823 Abs. 2 BGB. einräumen, sofern man nur annimmt, daß die Veröffentlichungspflicht des Vorstands aus § 282 Abs. 2 HGB. ein den Schutz des Aktionärs bezweckendes Gesetz ist.[5]) Dagegen kann der Aktionär nicht etwa die erfolgte Zeichnung auf die neuen Aktien nach §§ 119 Abs. 2 oder 123 BGB. anfechten, weil dies dem rechtspolizeilichen Charakter des Zeichnungsscheines zuwiderlaufen würde.[6]) Praktisch wird der Fall wohl kaum vorkommen. — Falls die Generalversammlung nichts über den Ausgabepreis bestimmt hat, so haben die Aktionäre einen Anspruch auf Ausgabe zum Nennbetrag. Dies ist aus § 278 Abs. 3 HGB. zu entnehmen;[7]) die Ausgabe der Aktien unter pari ist ja durch § 184 Abs. 1 verboten. — Falls die Generalversammlung einen Mindestpreis nach § 278 Abs. 3 HGB. festgesetzt hat, darf der Vorstand keinen niedrigeren Preis festsetzen, wohl aber einen höheren; theoretisch wäre es dabei denkbar, daß der Vorstand durch Festsetzung eines unverhältnismäßig hohen Preises das Bezugsrecht der Aktionäre vereiteln würde.[8]) Praktisch ist wohl auch das undenkbar, da die Generalversammlungsbeschlüsse sich regelmäßig über den Bezugspreis genau äußern.

Während die Veröffentlichung des Bezugspreises obligatorisch ist, ist die Festsetzung einer Frist für die Ausübung des Bezugsrechts, sowie die Veröffentlichung derselben nach § 282 Abs. 2 HGB. nur fakultativ. Wenn aber eine Frist festgesetzt wird, so muß sie mindestens 2 Wochen betragen. Da die Fristsetzung vom Gesetz nicht vorgeschrieben ist, so ist anzunehmen, daß, falls keine Frist gesetzt wurde, die Aktionäre ein Bezugsrecht solange haben, als überhaupt neue Aktien noch vorhanden sind.[9]) Allerdings wird in diesem Fall wohl auch eine nachträgliche Fristsetzung

---

[5]) Vgl. über die komplizierte Streitfrage der „Schutzgesetze" die Literaturangaben bei Staudinger, Anm. III a 2 zu § 823.

[6]) Entscheidungen des ROHG. Bd. V S. 415, Bd. XX S. 271; RG. Bd. 2 S. 132, Bd. 9 S. 36, Bd. 19 S. 124, insbesondere Bd. 54 S. 128; DJZ. 1902 S. 435.

[7]) Makower, Anm. VIII c 4 zu § 278; Lehmann-Ring, Anm. 5 zu § 282; Brand, Anm. 3 d zu § 282. Anders Staub, Anm. 5 zu § 282.

[8]) Staub a. a. O.; Lehmann-Ring a. a. O.; Lehmann Bd. II S. 458.

[9]) So Lehmann Bd. II S. 465; Brand, Anm. 4 a zu § 282. Dagegen Staub, Anm. 6 zu § 282; Lehmann-Ring, Anm. 6 zu § 282.

statthaft sein.[10]) Über die Folgen einer Versäumung der festgesetzten Frist durch den Aktionär wird später zu sprechen sein.[11]) —

Zur Lehre vom Bezugsrecht überhaupt sind noch folgende zwei allgemeine Bemerkungen zu machen:

In der Praxis wird häufig der Weg eingeschlagen, daß die Aktiengesellschaft sich mit der Emission der neuen Aktien nicht selbst befaßt, sondern ein sogen. Emissionskonsortium, d. h., eine zu diesem Zweck gebildete Gelegenheitsgesellschaft von Bankhäusern[12]) damit beauftragt. Dies übernimmt die sämtlichen Aktien, um sie abzusetzen und verpflichtet sich, die Bezugsrechte der Aktionäre zu beobachten. Voraussetzung des ganzen Vorganges ist selbstverständlich ein gültiger Generalversammlungsbeschluß hierüber, und zwar muß dieser das Bezugsrecht der Aktionäre ausschließen und das Bezugsrecht dem Emissionskonsortium einräumen. Doch ist dieser Ausschluß des Bezugsrechts nur ein formeller, da die Innehaltung der Bezugsrechte der Aktionäre Bedingung des ganzen Übernahmevertrages ist. An dem Inhalt des Bezugsrechts, an seiner Veräußerlichkeit, an den Modalitäten seiner Ausübung usw. wird durch einen solchen Übernahmevertrag nichts geändert. Es besteht nur die Möglichkeit, daß das Emissionskonsortium seiner übernommenen Verpflichtung zur Berücksichtigung der Bezugsrechte nicht nachkommt. Doch dürfte eine solche Verletzung der Bezugsrechte durch das Konsortium in der Praxis so ziemlich ausgeschlossen sein.[13]) Über den besonderen Rechtsschutz, der gegen eine solche Verletzung Platz greifen würde, wird unten zu sprechen sein.[14])

Weiter ist zum Bezugsrecht überhaupt die allgemeine Bemerkung zu machen, daß alles, was über das Bezugsrecht bei der Aktiengesellschaft gilt, auch auf die Kommanditgesellschaft auf Aktien anzuwenden ist, falls das Aktiengrundkapital in derselben erhöht werden soll. Nach § 320 Abs. 3 HGB. sind hier die Regeln, die für die Aktiengesellschaft aufgestellt wurden, anzuwenden, soweit sich nicht aus dem Fehlen eines Vorstandes bei der Aktienkommanditgesellschaft oder aus den Bestimmungen

---

[10]) Makower, Anm. IV zu § 282. Dagegen Lehmann-Ring, Anm. 6 zu § 282.

[11]) Kap. V S. 42.

[12]) Näheres hierüber bei Staub, Anm. 1 ff. im Exkurs zu § 342.

[13]) Ebenso Staub Anm. 1 zu § 282; Lehmann Bd. II S. 463 Anm. 3; Pinner Anm. I zu § 282; vgl. auch Passow, „Die wirtschaftliche Bedeutung und Organisation der Aktiengesellschaft" S. 54 f.; Riesser, „Die Neuerungen im deutschen Aktienrecht" S. 13.

[14]) Kap. VIII S. 82 f.

der §§ 321—334 HGB. ein anderes ergibt.[15]) Da letzteres nicht der Fall ist, gilt das über das Aktienbezugsrecht zu Sagende auch für die Aktienkommanditgesellschaft, mit der einzigen Maßgabe, daß an Stelle des Vorstands der Aktiengesellschaft, soweit er beim Bezugsrecht mitzuwirken hat, der persönlich haftende Gesellschafter tritt.

III. Kapitel.

Die wirtschaftliche Bedeutung des Bezugsrechts.

Es war schon zu Anfang davon die Rede, daß die Aktionäre an dem Bezugsrecht ein wirtschaftliches Interesse haben; das Bezugsrecht repräsentiert einen Vermögenswert. Dies ist für das Verständnis der Lehren vom Bezugsrecht von solcher Wichtigkeit, daß schon an dieser Stelle von dem Bezugsrecht als wirtschaftlicher Erscheinung gesprochen werden muß.

Zur Verdeutlichung bedienen wir uns am besten eines Beispiels: Angenommen, eine Aktiengesellschaft besitzt ein Grundkapital von nominell 30 Millionen Mark. Sie beschließt, dieses um nominell 5 Millionen Mark zu erhöhen durch Ausgabe von 5000 neuen Aktien mit einem Nominalbetrag von je 1000 Mark; der Einfachheit halber nehmen wir auch an, daß die Dividendenberechtigung der alten und der „jungen Aktien" (wie es in der Geschäftssprache für „neue" Aktien heißt) eine gleiche ist. Auf je 6 der alten Aktien soll das Bezugsrecht auf eine neue treffen. Nun nehmen wir weiter an, die alten Aktien haben einen Kurs von 170% (1 alte Aktie kostete also an der Börse 1700 Mark), während die jungen Aktien zu 150% ausgegeben werden sollen.

Wenn wir uns nun die Emission der jungen Aktien bereits vollständig durchgeführt denken, so muß theoretisch ein Mischkurs entstehen; denn da neben den umlaufenden 30000 Aktien zu 1700 Mark plötzlich 5000 Aktien zu 1500 Mark in Verkehr gesetzt werden, so ist klar, daß für die Aktien insgesamt ein Preis sich bilden muß, der zwischen 170% und 150% liegt. Dieser Mischkurs läßt sich rechnerisch auf folgende Art ermitteln:

6 alte Aktien mit einem Kurs von 170% kosten	Mk. 10200.—
1 neue Aktie mit einem Kurs von 150% kostet	„ 1500.—
7 Aktien zusammen kosten	Mk. 11700.—

Eine Aktie kostet somit durchschnittlich:

11700 : 7 = 1671.43 Mk. oder in Prozenten ausgedrückt: 167,14%.

---

[15]) Staub, Anm. 110 zu § 320; Makower Anm. VIk 7 u. 8 und Vb 2 zu § 320; Lehmann-Ring, Anm. 9 zu § 320.

Letzteres wäre der Mischkurs, der sich nach Durchführung der Emission bilden müßte. Wenn ein Aktionär sein Bezugsrecht nicht ausüben würde, so würde er an jeder Aktie, die er hat, 170% minus 167,14% = 2,86% infolge des Sinkens des Kurses seiner Aktien verlieren. Durch Ausübung des Bezugsrechts kann er sich vor diesem Schaden bewahren. Der rechnerische Wert des Bezugsrechts ist also in diesem Fall die ermittelte Differenz von 2,86%.[1])

Man kann zu diesem Resultat auch auf anderem Wege gelangen, indem man sagt:

Der durchschnittliche Wert einer neuen Aktie beträgt 1671.43 Mark, ihr Bezugspreis beträgt jedoch nur 1500 Mark. Der Unterschied beträgt also 171.43 Mark. Das ist der rechnerische Wert, den das Bezugsrecht auf eine ganze neue Aktie hat, zu deren Erwerbung sechs alte nötig sind; das Bezugsrecht, das auf 1 alte Aktie trifft, ist den sechsten Teil wert, also 171.43 Mark : 6 = 28.57 Mark oder in Prozenten abgerundet ausgedrückt: 2,86%, — dasselbe Resultat wie oben.

Unter dem rechnerischen Wert des Bezugsrechts ist also zu verstehen: Die Differenz zwischen dem Kurs der alten und dem Mischkurs, der nach der Emission der neuen Aktien theoretisch entstehen muß. Man pflegt diesen rechnerischen Wert des Bezugsrechts gewöhnlich in Prozenten des Nennwerts der alten Aktien umgerechnet auf 1 alte Aktie auszudrücken.

Da somit ein bequemer Maßstab für den Wert des Bezugsrechts vorhanden ist, so erklärt es sich, daß mit Bezugsrechten ein sehr lebhafter Handel getrieben werden kann. Der natürliche Ort für diesen Handel sind die Börsen, an denen die Aktien der betreffenden Gesellschaft gehandelt werden. Die Umsätze in solchen Bezugsrechten sind regelmäßig sehr bedeutend; denn nur in den seltensten Fällen wird ein Aktionär gerade soviele Aktien haben, als zur Ausübung eines Bezugsrechts gerade erforderlich sind. Er wird deshalb darauf angewiesen sein, die fehlenden „Spitzen" an der Börse zu erwerben, bzw. seine eigenen „krummen Beträge" zu verkaufen. Auch wird er oft, selbst wenn er die erforderliche Anzahl von Aktien besitzt, aus irgend welchen Gründen die Ausübung des Bezugsrechts nicht wollen und deshalb zu einem Verkauf desselben schreiten. Es ist selbstverständlich, daß der Preis, um den die Bezugsrechte gehandelt werden, sich nicht immer ganz streng mit dem

[1]) Vgl. ähnliche Beispiele bei Obst, „Das Buch des Kaufmanns" S. 490; Leitner, „Das Bankgeschäft und seine Technik", S. 541 f.; Schütz, Handbuch für den Bankverkehr" S. 188; Salings Börsenpapiere, I. allgem. Teil S. 492.

rechnerischen Wert des Bezugsrechts decken kann, wenn er sich auch nicht sehr weit von ihm entfernen wird. Er wird Schwankungen unterworfen sein, je nach Größe von Angebot und Nachfrage und je nachdem die Aktien der Gesellschaft im Kurs schwanken. Aus den verschiedenen Umsätzen, die im Laufe eines Tages vorgenommen werden, wird sich ein Durchschnittspreis für das Bezugsrecht, mit anderen Worten, ein Tageskurs bilden lassen und an den großen Börsen, wie Berlin und Frankfurt, haben die Bezugsrechte sogar eine offizielle Kursnotierung.

Ein Beispiel aus dem praktischen Geschäftsleben mag diese Kursschwankungen des Bezugsrechts illustrieren und zugleich zeigen, inwieweit der rechnerische Wert des Bezugsrechts und der tatsächliche Börsenkurs desselben übereinstimmen:[2]) Eine Aktienbank nahm im Jahre 1913, zufolge Generalversammlungsbeschlusses vom 3. März 1913, eine Erhöhung ihres Grundkapitals von 60 Millionen Mark auf 65 Millionen Mark vor. Das gesetzliche Bezugsrecht der Aktionäre wurde zwar formell ausgeschlossen, aber praktisch wurde es dadurch erhalten, daß ein Übernahmekonsortium die Verpflichtung einging, den alten Aktionären die neuen Aktien in der Weise anzubieten, daß auf 12 alte Aktien mit einem Nominalwert von je 1000 Mark[3]) eine neue zu einem Nominalwert von 1000 Mark treffen sollte. Direktion und Aufsichtsrat erhielten die Ermächtigung, alle näheren Modalitäten der Bezugsrechtsausübung festzusetzen, doch sollte der Emissionskurs für die neuen Aktien nicht weniger als 200% betragen dürfen.[4]) Zufolge dieses Generalversammlungsbeschlusses (der inzwischen ins Handelsregister eingetragen worden war) bestimmten Direktion und Aufsichtsrat als Frist für Ausübung des Bezugsrechts die Zeit vom 5. bis inkl. 22. März 1913 und als Bezugspreis inklusive aller Emissionskosten die Summe von 2550 Mk. pro Aktie.

Die neuen Aktien sollten erst vom 1. Juli 1913 an, also für das Jahr 1913 nur zur Hälfte dividendenberechtigt sein. Dagegen vergütete die Bank, falls die Einzahlungen auf die neuen Aktien vor dem 22. März 1913 geleistet wurden, eine Verzinsung von 4½% für die Zeit vom 22. März bis 30. Juni 1913 inklusive.

Der Kurs der alten Aktien der Bank betrug am 5. März 1913 noch 309%, war aber 8 Tage später auf 291% gesunken, da inzwischen die 14%ige Dividende der Gesellschaft verteilt worden war. Wenn wir diesen Kurs von 291% als Durchschnitts-

[2]) Vgl. hiezu den Prospekt in Anlage I S. 91 ff.
[3]) Von den Aktien in Guldenwerten sehen wir der Einfachheit halber ab.
[4]) § 278 Abs. 3 HGB. und oben Kap. II S. 16.

kurs zugrunde legen, so gelangen wir auf folgendem Weg zur Gewinnung des rechnerischen Wertes des Bezugsrechts:

1 alte Aktie kostete . . .	Mk. 2910.—
1 neue Aktie kostete . . .	Mk. 2550.—

Erstere war jedoch für das Jahr 1913 ganz (also unter Annahme einer gleichbleibenden Dividende mit 14%), letztere nur zur Hälfte (also nur mit 7%) dividendenberechtigt. Um hier Übereinstimmung herzustellen, muß man die halbe Dividende, 7%, zum Preis der jungen Aktien hinzuaddieren; denn da die Aktionäre bei der nächsten Gewinnverteilung auf die jungen Aktien nur 7% erhielten (immer unter Annahme einer gleichbleibenden Dividende), so hatten sie eigentlich für die neuen Aktien nicht nur 255%, sondern (255 + 7)% = 262% aufgewendet. Anderseits ist zu berücksichtigen, daß für die neuen Aktien ein Zins von 4½% für ¼ Jahr (abgerundet, es waren eigentlich ein paar Tage mehr) vergütet wurde, daß also für jede Aktie 28.70 Mark vergütet wurden.

Somit kostete:

1 alte Aktie	Mk. 2910.—
1 neue Aktie (unter Berücksichtigung des Dividendenunterschieds und der Zinsvergütung: 2550 + 70 — 28.70 =)	Mk. 2591.30
12 alte Aktien kosteten 12 · 2910 = . . .	Mk. 34 920.—
1 neue Aktie kostete	Mk. 2 591.30
13 Aktien zusammen	Mk. 37 511.30

also 1 Aktie durchschnittlich 37 511.30 : 13 = 2885.48 Mk. oder abgerundet 2885.50 Mk.

Dies ist der **Mischkurs**, der nach der Durchführung der Kapitalserhöhung theoretisch hätte entstehen müssen.

Die Differenz zwischen dem Preis der alten Aktien und dem Mischkurs beträgt:
2910 — 2885.50 = 24.50 Mk., oder in Prozenten ausgedrückt: 2,45%. Dies ist der **rechnerische Wert** des Bezugsrechts.

Tatsächlich wurden die Bezugsrechte auf die neuen Aktien dieser Aktienbank damals mit $2^1/_8$ bis $2^3/_8$% gehandelt, man sieht also, daß die Übereinstimmung zwischen Theorie und Praxis hier eine ziemlich weitgehende ist.

Nun ist bei allen diesen Berechnungen immer stillschweigende Voraussetzung gewesen, daß die alten Aktien der Gesellschaft vor der Kapitalserhöhung über pari stehen. Es ist dies bei einer Kapitalserhöhung der Normalfall; denn nur bei gut rentierenden Gesellschaften ist im allgemeinen eine Grundkapitalserhöhung notwendig.[5]) Immerhin kann auch bei einer schlecht rentierenden Gesellschaft sich die Notwendigkeit einer Grundkapitalserhöhung ergeben.[6]) Wenn nun in diesem letzteren Fall die alten Aktien der Gesellschaft unter pari stünden, so ließe sich die Differenz: alter Kurs minus neuer Kurs deshalb nicht ziehen, weil die neuen Aktien nach der Vorschrift des § 184 Abs. 1 HGB. nicht unter pari ausgegeben werden dürfen. In diesem Fall mag es überhaupt auf den ersten Blick erscheinen, als ob die Unterbringung der neuen Aktien unmöglich wäre, da sie teurer sind, als die schon im Verkehr befindlichen. Das Auskunftsmittel, zu dem die Gesellschaften in diesem Fall greifen, ist, die neuen Aktien mit Vorzugsrechten in bezug auf die Dividende auszustatten, oder aber es bringen Großaktionäre oder Aufsichtsräte im Interesse der Gesellschaft Opfer und übernehmen die neuen Aktien zu dem eigentlich zu hohen Preis. Natürlich hängt hier die Feststellung des Wertes des Bezugsrechts ganz und gar davon ab, wie die geschäftlichen Aussichten der Gesellschaft für die Zukunft beurteilt werden; theoretisch wäre auch hier eine Kursbildung für das Bezugsrecht und ein Handel mit Bezugsrechten denkbar; praktisch ist er sehr selten.

Selbstverständlich ist, daß das spekulative Moment auch in dem ersten Fall, dem Normalfall, eine bedeutende Rolle spielt. Werden die Aussichten einer Aktienunternehmung vom Publikum günstig beurteilt, so daß trotz der Erhöhung des Grundkapitals eine Steigerung des Aktienkurses erwartet wird, so kann für das Bezugsrecht unter Umständen viel mehr erlöst werden, als seinem rechnerischen Werte entspricht.

Das Bezugsrecht ist also, vom privatwirtschaftlichen Standpunkt aus betrachtet, ein Vermögensgegenstand, der mitunter einen beträchtlichen Wert repräsentieren kann, vom volkswirtschaftlichen Standpunkt betrachtet, ist es eine Ware im weiteren Sinn, d. h. ein Gegenstand des Handelsverkehrs.

IV. Kapitel.

Geschichtliches.

Das allgemeine gesetzliche Bezugsrecht ist im deutschen Handelsrecht nicht von jeher heimisch gewesen, vielmehr ist es erst durch die allerneueste gesetzgeberische Entwicklung geschaffen worden.

---

[5]) Vgl. Passow, „Die wirtschaftliche Bedeutung und Organisation der Aktiengesellschaft“, S. 54 und 62 ff.

[6]) Vgl. hiezu namentlich die verschiedenen Fälle von Sanierungen im Kap. VII.

Im Allgemeinen Deutschen Handelsgesetzbuch (fertiggestellt im Jahre 1861) ist von einem derartigen Recht überhaupt nicht die Rede. Nach dem damaligen Recht war bei der Erhöhung des Grundkapitals die Zuteilung der neuen Aktien eine der Funktionen des Vorstandes, die er nach pflichtgemäßem Ermessen auszuführen hatte, die jedoch häufig zugunsten einer Clique von Aktionären ausgeübt wurde. Allerdings konnten dem auch statutarische Bestimmungen entgegenstehen und das war sehr häufig der Fall. Nach diesen statutarischen Bestimmungen war das Bezugsrecht gewöhnlich kein allgemeines gleichmäßiges Recht aller Aktionäre, vielmehr war es regelmäßig ein Recht gewisser bevorzugter Aktionäre, also ein Bezugsvorrecht. Der Zweck der erwähnten statutarischen Bestimmungen war der, zu verhindern, daß die in der Gesellschaft einflußreichen Großaktionäre die sämtlichen neu zu emittierenden Aktien an sich rissen. Eine sehr häufig vorkommende Statutenbestimmung war z. B. die, daß den „ersten Zeichnern", also den Gründern der Gesellschaft, ein statutarisches Bezugsrecht auf die eine Hälfte der jeweils neu zu emittierenden Aktien zu einem schon im Statut festgelegten Kurse (gewöhnlich al pari) eingeräumt wurde, während das Gros der übrigen Aktionäre ein Bezugsrecht nur für die verbleibende andere Hälfte haben sollte.[1])

Diese Bestimmungen führten häufig zu Mißständen. Die bevorzugten Aktionäre waren naturgemäß die, die schon den größten Aktienbesitz, also die meisten Stimmrechte in der Gesellschaft hatten. Sie benützten diesen Einfluß, um in der Gesellschaft Kapitalserhöhungen durchzusetzen, die nach der ganzen Geschäftslage der Gesellschaft keineswegs erforderlich waren, um bei diesen Kapitalserhöhungen die neuen Aktien zum statutarisch zugesicherten billigen Preis beziehen zu können und sie dem Tageskurs entsprechend teurer abzusetzen. Das bedeutete Schädigungen für die Gesellschaft; denn die Überlastung mit überflüssigem Kapital führte oft zu unsoliden geschäftlichen Unternehmungen und ferner war es der Gesellschaft unmöglich gemacht, da ihr in bezug auf den Emissionskurs die Hände gebunden waren, von dem hohen Kurs ihrer eigenen Aktien durch Ausgabe der neuen zu einem entsprechenden Preise zu profitieren. Andererseits war auch die große Masse der Aktionäre dadurch geschädigt, daß den Vorteil, den das Bezugsrecht bieten konnte, größtenteils die statutarisch bevorrechtigten Aktio-

---

[1]) Vgl. Renaud S. 765; ferner Brinkmann-Westheim bei Holdheim Bd. 21 S. 17.

näre genießen konnten, während sie sich mit einem unverhältnismäßig geringen Gewinn zufrieden geben mußten.[2])

Um diesen Mißständen abzuhelfen, wurde bei der Neuregelung des Aktienrechts im Jahre 1884 die Bestimmung des Artikels 215 a Abs. 4 (bzw. für die Aktienkommanditgesellschaft des Artikels 180 h Abs. 5) eingefügt: „Eine Zusicherung von Rechten auf den Bezug neu auszugebender Aktien, welche vor dem Beschlusse auf Erhöhung des Grundkapitals erfolgt, ist der Gesellschaft gegenüber unwirksam." Diese Bestimmung entspricht dem § 282 Abs. 2 des jetzigen HGB. Es sollte nach ihr unzulässig sein, Bezugsrechte schon im Statut zu gewähren, wie es bis dahin üblich gewesen war, auch ein dem Kapitalserhöhungsbeschluß vorausgehender Beschluß sollte nichts Bindendes über das Bezugsrecht festsetzen können.

Es mag übrigens gleich hier erwähnt sein, daß die Novelle von 1884 sich nicht darüber aussprach, ob die erwähnte Bestimmung auch auf schon bestehende Gesellschaften Anwendung zu finden habe. Näheres über diese Streitfrage wird unten zu sagen sein.[3])

Es zeigte sich nun bald, daß auch der neue Artikel 215 a Abs. 4 keine genügende Abhilfe gegen die oben geschilderten Mißstände brachte. Denn, wenn es auch für neu zu gründende Aktiengesellschaften verboten war, im Statut schon einzelnen Aktionären Bezugsvorrechte einzuräumen, so konnte dies doch gleichzeitig mit dem Kapitalserhöhungsbeschluß geschehen.[4]) Und vor allem: Wenn der Kapitalserhöhungsbeschluß über die Vergebung der neuen Aktien schwieg, so konnte wieder der Vorstand bzw. Aufsichtsrat die neuen Aktien nach Belieben zuteilen. Somit war es der Clique der Großaktionäre nach wie vor unbenommen, im Kapitalserhöhungsbeschluß ihre Übermacht dahin zur Geltung zu bringen, daß sie sich Bezugsvorrechte zubilligte, oder, wenn sie ihren Vorteil nicht so unverhüllt zeigen wollte, konnte sie es doch mindestens durchsetzen, daß die Frage der Zuteilung der neuen Aktien einfach totgeschwiegen wurde; sie wußten, daß der Vorstand bei der Verteilung die Großaktionäre doch bevorzugen würde, da er es doch naturgemäß mit den einflußreichsten Aktionären nicht verderben wollte.

Als man daher gelegentlich der Schaffung des Bürgerlichen Gesetzbuchs auch an eine Umarbeitung des Handelsgesetzbuchs herantrat, war der Gesetzgeber bemüht, diesen Übelständen auf wirksamere

---

[2]) Vgl. Ring, „Das Reichsgesetz betreffend die Kommanditgesellschaften auf Aktien und die Aktiengesellschaften", Anm. 10 zu Art. 180 h.

[3]) Unten S. 26 f.

[4]) Vgl. Ring a. a. O.

Weise zu begegnen. Es hatte sich gezeigt, daß mit dem System des Verbots der Zusicherung statutarischer Bezugsrechte allein nichts zu erreichen war, da es in der Natur der Sache lag, daß der Vorstand bei der Verteilung trotzdem Bevorzugungen eintreten lassen konnte. Daher griff man zu einem ganz anderen Prinzip: Man nahm den Bezugsrechten den Charakter von Vorrechten und erklärte das Bezugsrecht als ein im Zweifel allen Aktionären gleichmäßig proportional zustehendes Recht. Die für die Reichstagsverhandlungen bestimmte Denkschrift zum Entwurf eines Handelsgesetzbuchs und eines Einführungsgesetzes[5]) spricht sich darüber folgendermaßen aus: „Die Klagen über Mißbräuche bei der Ausgabe neuer Aktien sind jedoch (d. h. trotz der Bestimmung des Art. 215a Abs. 4 der Aktiennovelle) nicht verstummt und die Erfahrung hat gezeigt, daß trotz jener Bestimmung die Erhöhung des Grundkapitals vielfach zum Zweck der Agiotage, und zwar im Interesse einer unverhältnismäßig kleinen Zahl von Beteiligten bewerkstelligt wird, welche die übernommenen Aktien demnächst mit einem beträchtlichen Aufschlag an die Börse bringen. Dies läßt sich auch ohne vorgängige Einräumung eines rechtsverbindlichen Bezugsrechts ermöglichen; denn da den Aktionären als solchen kein Anspruch auf die Zuteilung eines ihrem Aktienbesitz entsprechenden Teiles der neuen Aktien zusteht, der Vorstand und der Aufsichtsrat vielmehr in Ermanglung eines besonderen Vorbehalts der Generalversammlung freie Hand bei der Zuteilung der Aktien haben, so ist die einseitige Berücksichtigung der Interessen von Personen, die einen maßgebenden Einfluß in der Gesellschaft und deren Organen besitzen, stets ausführbar. Um hiegegen weitere Abhilfe zu schaffen, gewährt der § 274 des Entwurfs[6]) unter der Voraussetzung, daß die Generalversammlung selbst in dem Beschluß über die Erhöhung des Grundkapitals nichts anderes bestimmt hat, jedem Aktionär das Recht, die Zuteilung eines seinem Anteil am bisherigen Grundkapital entsprechenden Teils der neuen Aktien zu verlangen. In der Tat erscheint es nur billig, daß, wenn nach der geschäftlichen Lage des Unternehmens ein Gewinn von der Veräußerung der neuen Aktien zu erwarten ist, dieser Gewinn tunlichst allen Aktionären zugute kommt."

Dieses neue Prinzip des Entwurfs fand denn auch die Billigung des Reichstags in allen drei Lesungen und der § 274 des

---

[5]) S. 157; Hahn-Mugdan S. 321. Vgl. auch Gareis, Anm. 1 zu § 282.
[6]) Wörtlich übereinstimmend mit dem jetzigen § 282 HGB.

Entwurfs nebst den ihn ergänzenden § 275[7]) wurde ohne Änderung vom Reichstag angenommen; es war allerdings in den Kommissionssitzungen von Reichstagsmitgliedern angeregt worden, die fakultative Bezugsfrist auf mindestens 4 Wochen festzusetzen, aber nachdem dem von Seite der verbündeten Regierungen widersprochen worden war, wurde der Antrag abgelehnt.[8]) Auch in der dritten Lesung des Entwurfs, in der Sitzung vom 6. April 1897 wurde dieser Antrag vom Abgeordneten von Strombeck nochmals eingebracht, aber nachdem der Regierungsvertreter Dr. Hoffmann mit der Begründung opponiert hatte, die Frist sei ausreichend, um den Aktionären Zeit für ihre Entschließung zu lassen, ob sie von dem Bezugsrecht Gebrauch machen wollten oder nicht und jedenfalls viel länger als sie in der Regel bisher üblich war, wurde der Antrag auch vom Plenum des Reichstags abgelehnt.[9])

Gleichfalls unverändert angenommen wurde auch der Art. 28 des Entwurfs zum Einführungsgesetze zum HGB. (jetzt ebenfalls Art. 28 EG. HGB.), wonach die Vorschrift des § 275 Abs. 1 des Entwurfs (§ 283 Abs. 1 HGB.) auf eine vor dem Inkrafttreten des HGB. erteilte Zusicherung keine Anwendung fand, d. h. also, die Bezugsrechte, die in der Zeit nach dem Inkrafttreten der Aktiennovelle von 1884 bis zum Inkrafttreten des neuen HGB. durch Generalversammlungsbeschlüsse zugesichert worden waren, sollten ungeschmälert erhalten bleiben. Über die oben erwähnte Streitfrage, ob die vor der Novelle von 1884 statutarisch geschaffenen Bezugsrechte noch Geltung haben sollten, war darüber so wenig etwas gesagt, wie in der Novelle von 1884 selbst.

Daher ist diese Frage für das geltende Recht noch nicht ganz ohne Bedeutung geworden und es muß darüber das Wichtigste kurz gesagt werden. Der Kern der ganzen Frage ist, ob dem Art. 215a Abs. 4 des alten HGB., der fast wörtlich mit dem § 283 Abs. 2 des HGB. übereinstimmt, rückwirkende Kraft beizulegen sei, so daß die vor 1884 statutarisch eingeräumten Bezugsrechte außer Kraft treten müßten, oder nicht. Die Ansicht, welche sich gegen die rückwirkende Kraft des genannten Artikels, also für die Erhaltung der früher eingeräumten Bezugsrechte, ausspricht, macht hauptsächlich geltend, daß eine rückwirkende Kraft von Gesetzen im Zweifel nicht anzunehmen sei, ferner daß in der Reichstagskommission bei Beratung dieser Bestimmung „allseitig konstatiert

---

[7]) Jetzt § 283 HGB.

[8]) Bericht der 18. Kommission des Reichstags, 9. Legislaturperiode IV. Sess. S. 95; Hahn-Mugdan S. 614.

[9]) StenB. des Reichstags S. 5464; Hahn-Mugdan S. 732 f.

wurde, daß diese Bestimmung auf Zusicherungen, welche vor dem Inkrafttreten des neuen Gesetzes erteilt sind, keine Anwendung leide".[10]) Und ferner, daß die Tendenz des Gesetzes dahin gehe, in wohlerworbene Rechte nicht einzugreifen. Die andere Ansicht macht geltend, daß dies Ergebnis praktisch zu einem unerfreulichen Resultat führe, da die Bestimmungen des Art. 215 a Abs. 4 für einen großen Teil der Aktiengesellschaften dadurch illusorisch gemacht würden; und weiter, daß die Worte des Art. 215 a Abs. 2 „der Beschluß hat den Mindestbetrag zu bezeichnen, für welchen die Aktien auszugeben sind" zwingender Natur sind, so daß also mindestens der statutarisch bestimmte Bezugspreis keine Geltung mehr haben könne. Die Streitfrage hat eine ziemlich umfangreiche Literatur hervorgerufen. Für die Praxis ist die Frage durch mehrere Entscheidungen des Reichsgerichts entschieden, welche sich auf den Standpunkt der ersteren Ansicht stellen.[11])

Es erübrigt noch, die Frage aufzuwerfen, ob denn das neue Recht, das das HGB. vom 10. Mai 1897 für das Bezugsrecht geschaffen hatte, auch die erhoffte Beseitigung der vorher herrschenden Mißstände gebracht hatte. Auf den ersten Blick mag es scheinen, als ob der Gesetzgeber auf dem halben Wege stehen geblieben sei, indem er zwar ein allgemeines, gesetzliches proportionalgleiches[12]) Bezugsrecht schuf, dessen Beseitigung, aber durch die Generalversammlung für zulässig erklärte, und ob es nicht konsequenter gewesen wäre, die Worte des § 282 Abs. 1 „soweit nicht in dem Beschluß über die Erhöhung des Grundkapitals ein anderes bestimmt ist" wegzulassen. Es ist allerdings richtig, daß damit der Gesetzgeber die Möglichkeit offen gelassen hat, durch Generalversammlungsbeschlüsse das Bezugsrecht doch wieder als Vorrecht einzelner Aktionäre zu konstruieren. Aber tatsächlich haben trotzdem die neuen Bestimmungen so gewirkt, daß von dieser Möglichkeit nur mehr ein sehr minimaler Gebrauch gemacht wird. Aus folgenden Gründen: Es ist vor allem wichtig, daß die Gestaltung des Bezugsrechts der Generalversammlung zugewiesen wurde. Es war jetzt nicht mehr möglich in der Generalversammlung über das Bezugsrecht zu schweigen, und dann den Vorstand und Aufsichtsrat nach Belieben walten zu lassen. Denn wenn der Beschluß über

---

[10]) Ring a. a. O.

[11]) Ring a. a. O. Vgl. Riessers Aufsatz bei Goldschmidt Bd. 38 S. 114; Staub, Anm. 4—8 zu § 283; Makower, Anm. V c zu § 283; Gareis, Anm. 2 zu § 282; Lehmann-Ring, Anm. 4 zu § 283; Pinner, Anm. III zu § 283; RG. Bd. 27 S. 1, Bd. 47 S. 26.

[12]) Der Ausdruck stammt von Gareis, Anm. 2 zu § 282.

die Erhöhung des Grundkapitals nichts über die Zuteilung der neuen Aktien bestimmte, so trat jetzt automatisch das gesetzliche Bezugsrecht der Aktionäre ein. Wenn man also dem Bezugsrecht den Charakter eines Vorrechts hätte geben wollen, so hätte man darüber in der Generalversammlung ausdrücklich Beschluß fassen müssen, da die statutarische Zusicherung, wie schon nach der Aktiennovelle von 1884 nach § 283 Abs. 2 HGB. unzulässig ist. Dieser Beschluß hätte gemäß §§ 280, 284, 285 HGB. in das Handelsregister eingetragen und gemäß § 10 HGB. veröffentlicht werden müssen. Es ist klar, daß die Großaktionäre es zu vermeiden suchten, daß hier die ihnen eingeräumten Vorteile aller Welt bekanntgemacht wurden, weniger etwa, weil sie sich deren schämten, — obgleich auch derartige Imponderabilien eine Rolle spielen mögen —, als deshalb, weil es auf die Aktiengesellschaft ein schlechtes Licht wirft, wenn Kapitalserhöhungen nach derartigen Grundsätzen, die den Vorteil einzelner weniger Aktionäre bezwecken, vorgenommen werden, und weil dies somit die geschäftliche Lage des Unternehmens ungünstig zu beeinflussen in der Lage wäre. — Aber es kommt noch etwas weiteres hinzu. Um eine Modifikation oder Ausschließung des gesetzlichen Bezugsrechts der Aktionäre zugunsten von einzelnen Aktionären zu erreichen, müßten diese letzteren in der Generalversammlung über die Mehrheit verfügen, und zwar muß diese Mehrheit, wie wir sehen werden, nach § 275 Abs. 1 HGB. eine Mehrheit von drei Viertel des vertretenen Grundkapitals umfassen, falls nicht der Gesellschaftsvertrag anderes bestimmt hatte.[13]) Selbstverständlich ist es einer organisierten Opposition von Kleinaktionären leichter möglich, die zur Verhinderung eines solchen Beschlusses nötige Zahl von ein Viertel aller vertretenen Stimmen zu erreichen, als eine absolute Mehrheit zu bilden. Letzteres wäre aber früher nötig gewesen; denn nach dem früheren Recht wäre ein Beschluß über das Bezugsrecht nicht wesentlicher Bestandteil des Kapitalserhöhungsbeschlusses gewesen und somit hätte darüber eine Beschlußfassung genügt, die der Vorschrift des Art. 209 a Nr. 5 der Aktiennovelle von 1884 entsprochen hätte.

Andererseits können Fälle vorkommen, in denen eine Bevorzugung gewisser Aktionäre, die vielleicht für die Gesellschaft schon große Opfer gebracht haben, bei der Aktienemission am Platze sein mag und für diese Fälle bildet dann das Gesetz auch nach der Neuregelung kein Hindernis.

Somit sehen wird, daß die §§ 282, 283 HGB. tatsächlich einen gesetzgeberischen Fortschritt gebracht haben. — Es mag übrigens

---

[13]) Vgl. Kap. V S. 30.

noch erwähnt werden, daß der deutsche Gesetzgeber damit nichts absolut Neues geschaffen hatte; denn im englischen und amerikanischen Aktiengesellschaftsrecht waren allgemeine gesetzliche Bezugsrechte schon früher eingeführt gewesen.[14])

V. Kapitel.

Erwerb und Verlust des Bezugsrechts.

Was den Erwerb des Bezugsrechts angeht, so müssen wir hier zwischen ursprünglichen (originären) und abgeleiteten (derivativen) Erwerbsgründen unterscheiden.[1])

Wer eine Aktie erwirbt, hat damit auch das Bezugsrecht erworben und je nachdem er die Aktie auf ursprünglichem oder abgeleitetem Wege erworben hat, ist dieser Erwerb ein ursprünglicher oder abgeleiteter. Doch ist dieser Erwerb, wie wir oben gesehen haben, ein bedingter. Er wird zum unbedingten durch den Kapitalserhöhungsbeschluß, der das Bezugsrecht der Aktionäre ausdrücklich oder stillschweigend festsetzt. Durch diesen Generalversammlungsbeschluß hat der jeweilige Aktionär das unbedingte Bezugsrecht erworben, und zwar hat er dies stets auf ursprünglichem Weg, gleichgültig auf welchem Weg er die Aktie erworben hat; denn diesen Erwerb des unbedingten Bezugsrechts leitet er ja von keinem Rechtsvorgänger her.

---

[14]) Lehmann Bd. II S. 462 und die dort angeführten Quellenstellen.

[1]) Zur Erleichterung der Übersicht über die Erwerbsgründe des Bezugsrechts mag folgende Zusammenstellung dienen:

A. Das bedingte Bezugsrecht.
- I. Originär: durch originären Erwerb der Aktie.
- II. Derivativ: durch derivativen Erwerb der Aktie.
  1. Unter Lebenden.
  2. Von Todes wegen.

B. Das unbedingte Bezugsrecht.
- I. Originär: durch den Generalversammlungsbeschluß, der das Bezugsrecht statuiert.
- II. Derivativ:
  1. Unter Lebenden.
     - a) durch den Erwerb einer Aktie, mit der ein unbedingtes, noch nicht geltend gemachtes Bezugsrecht verbunden ist;
     - b) durch Veräußerungsvertrag über das Bezugsrecht allein (ohne die Aktie).
  2. Von Todes wegen.
     - a) durch den Erwerb einer Aktie von Todes wegen, die ein unbedingtes Bezugsrecht gewährt,
     - b) durch erbrechtlichen Erwerb des Bezugsrechts allein (ohne die Aktie)
       - α) auf Grund letztwilliger Verfügung,
       - β) auf Grund gesetzlicher Beerbung.

Welcher Art kann nun dieser Generalversammlungsbeschluß sein?

Derselbe kann über das Bezugsrecht überhaupt schweigen. Dann tritt das gesetzliche Bezugsrecht in dem gesetzlichen Umfang des § 282 HGB. ein. Voraussetzung ist natürlich, daß der Generalversammlungsbeschluß, der die Kapitalserhöhung festsetzt, gültig ist. Es müssen also die Vorschriften der §§ 278 bis 281 HGB. beobachtet sein, insbesondere muß die zur Gültigkeit des Beschlusses erforderliche Eintragung desselben (vgl. § 280 in Verbindung mit § 277 Abs. 3 und mit §§ 284, 285 HGB.) erfolgt sein. Wäre der Beschluß der Generalversammlung aus irgendwelchen Gründen ungültig, so hätten die Aktionäre kein unbedingtes Bezugsrecht erworben; ein späterer gültiger Generalversammlungsbeschluß könnte über das Bezugsrecht beliebige Festsetzungen treffen, insbesondere dasselbe gänzlich ausschließen.

Der Generalversammlungsbeschluß kann aber auch das Bezugsrecht ausdrücklich festsetzen, sei es, daß er es einfach im gesetzlichen Umfang bestätigt, sei es, daß er es modifiziert. Hierher müssen wir aber auch diejenigen Beschlüsse der Generalversammlung rechnen, welche das Bezugsrecht zwar ausschließen, jedoch dem die Aktien übernehmenden Bankkonsortium die Verpflichtung auferlegen, das Bezugsrecht der Aktionäre praktisch zu berücksichtigen. — Ein derartiger Beschluß über das Bezugsrecht ist nun wesentlicher Bestandteil des Kapitalserhöhungsbeschlusses als Ganzes und bedarf daher derselben Mehrheit wie letzterer;[2]) d. h. also, falls nicht der Gesellschaftsvertrag eine andere Mehrheit verlangt, einer Mehrheit von drei Viertel des bei der Beschlußfassung vertretenen Grundkapitals (§ 275 Abs. 1 HGB.), wobei eventuell die gesonderte Abstimmung nach § 278 Abs. 2 HGB. notwendig ist. Auch hier ist zur Gültigkeit des Beschlusses selbstverständlich notwendig, daß derselbe in das Handelsregister eingetragen wurde; § 277 Abs. 3 HGB.

Wenn nun durch diesen Kapitalserhöhungsbeschluß in der ersten oder der zweiten Form ein unbedingtes Bezugsrecht auf originärem Wege entstanden ist, so kann, wie wir gesehen haben, sowohl unter Lebenden als von Todes wegen ein anderer Subjekt

---

[2]) So Staub, Anm. 2 zu § 282; Makower, Anm. I zu § 282; Lehmann-Ring, Anm. 2 zu § 282. Vgl. auch RG. Bd. 67 S. 108: „Das Gesetz ... sieht die Bestimmungen über die ... Unterbringung der neuen Aktien nicht als einen besonderen selbständigen Beschluß an, sondern als einen Bestandteil des Beschlusses über die Erhöhung des Grundkapitals". — Dagegen Pinner, Anm. I zu § 282; RG. Bd. 68 S. 245.

des Bezugsrechts werden. Damit kommen wir auf die abgeleiteten Erwerbsarten des (unbedingten) Bezugsrechts.

Zunächst ist der abgeleitete Erwerb des Bezugsrechts unter Lebenden zu betrachten: Dieser ist einmal möglich, auf dem Weg, daß ein Aktionär die Aktie, die ein unbedingtes Bezugsrecht gewährt, veräußert. Der Erwerber der Aktie erwirbt damit auch das Bezugsrecht, es sei denn, daß der Aktionär dasselbe bereits der Gesellschaft gegenüber geltend gemacht hat. In diesem Fall bleibt das Bezugsrecht, das ein reines Gläubigerrecht geworden ist, wie wir gesehen haben, beim Veräußerer der Aktie zurück.

Es besteht aber auch die andere Möglichkeit, daß der Aktionär das Bezugsrecht selbständig (ohne die Aktie) veräußert. Inwieweit ein derartiger Veräußerungsvertrag zulässig ist, haben wir schon untersucht.[3]) Es sei hier nur noch hinzugefügt, daß aus der Bestimmung des § 287 Abs. 2 HGB., wonach Anteilrechte an dem zu erhöhenden Grundkapital vor der Eintragung der erfolgten Grundkapitalserhöhung ins Handelsregister mit Wirkung gegenüber der Gesellschaft nicht veräußert werden können, nicht der Schluß gezogen werden darf, daß die Bezugsrechte vor diesem Zeitpunkt ebenfalls nicht veräußerlich seien. Sondern es ergibt sich daraus nur so viel: Wer der Gesellschaft gegenüber das Bezugsrecht als Aktionär geltend gemacht hat und damit auch die Verpflichtung[4]) zum Erwerb der beanspruchten neuen Aktien sich auferlegt hat, der bleibt bis zum genannten Zeitpunkt der Gesellschaft gegenüber bezugsberechtigt und -verpflichtet. Es ist aber gleichgültig, ob er wirklich der ursprünglich bezugsberechtigte Aktionär war, oder ob er das Bezugsrecht von einem andern erworben hat. Nur wenn er nach der Geltendmachung des Bezugsrechts dasselbe weiterveräußern würde, hätte dies der Gesellschaft gegenüber keine Wirkung, bevor nicht die erfolgte Erhöhung ins Handelsregister eingetragen wurde. Im internen Verhältnis zwischen Veräußerer und Erwerber bleibt der Vertrag natürlich bestehen.[5])

Ein derartiger Vertrag über die Veräußerung des Bezugsrechts kann nun ein entgeltlicher oder unentgeltlicher, er kann Kauf, Tausch oder Schenkung sein. Der praktisch am häufigsten vorkommende Fall ist der Kaufvertrag über das Bezugsrecht. Er ist nach § 433 BGB. zu definieren: als der Vertrag,

---

[3]) Vgl. oben Kap. I S. 10ff.

[4]) Vgl. unten S. 39.

[5]) So ist wohl auch die Bemerkung Staubs in Anm. 1 zu § 287 aufzufassen.

worin sich der Verkäufer verpflichtet, dem Käufer das Bezugsrecht auf eine bestimmte Anzahl von Aktien oder Bruchteile eines solchen Bezugsrechts zu verschaffen, während der Käufer sich zur Bezahlung des vereinbarten Kaufpreises verpflichtet.

Die hauptsächlichste Pflicht des Verkäufers ist nach dieser Definition die, dem Käufer das Bezugsrecht zu verschaffen, d. h. alle die rechtlichen und tatsächlichen Schritte zu tun, welche den Käufer vollkommen zum Subjekt des Bezugsrechts machen,[6]) durch welche der Käufer an Stelle des bisherigen Bezugsberechtigten Gläubiger der Gesellschaft wird. Der Verkäufer ist also zur Abtretung eines Forderungsrechtes verpflichtet, d. h. er ist verpflichtet, das abstrakte Rechtsgeschäft der Zession vorzunehmen. Somit finden auf diese Pflicht des Verkäufers die Regeln des bürgerlichen Rechts über die Zession Anwendung.[7]) Daraus ergeben sich eine Reihe von weiteren Pflichten des Verkäufers: er ist verpflichtet, dem Käufer die zur Geltendmachung des Bezugsrechts nötige Auskunft zu erteilen und er hat ihm die zum Beweise des Bezugsrechts dienenden Urkunden, soweit sie sich in seinem Besitz befinden, auszuliefern (§ 402 BGB.). Was diese Urkunden betrifft, so sind sie bei Inhaberaktien in der Regel die Aktien selbst; wie wir gesehen haben, ist der Bezugsberechtigte bei Inhaberaktien gewöhnlich, nur wenn er im Besitz der Aktienurkunde ist, in der Lage, sich als Bezugsberechtigter zu legitimieren, die Aktie in ihrer Eigenschaft als Legitimationspapier dient hier zum Beweis des Bezugsrechts. Allerdings ist es zu dieser Legitimation nur nötig, daß der Käufer die Aktienurkunde als solche vorweist. Es ist nicht nötig, daß er die etwa dazugehörigen Dividendenbogen oder Erneuerungsscheine präsentiert. Denn diese beweisen für seine Eigenschaft als Aktionär gar nichts. Daher enthalten auch die Generalversammlungsbeschlüsse, die das Bezugsrecht regeln, meist die Bestimmung, daß der Bezugsberechtigte die Aktie „ohne Dividendenbogen" (und selbstverständlich ohne den dazugehörigen Erneuerungsschein), also nach dem Ausdruck des Gesetzes (§ 230 HGB.) die „Haupturkunde", nach dem kaufmännischen Sprachgebrauch den „Mantel" der Aktie vorzulegen habe. An diesem Mantel muß der Verkäufer dem Käufer den Besitz überlassen,[8]) so daß die Pflicht des Verkäufers den Mantel dem Eigen-

[6]) Vgl. Staudinger, Anm. VIII A zu 1 a und zu 2 a zu § 433; Oertmann, Anm. 2 a β zu § 433 (oben S. 324) und 2 b zu § 433 (S. 325); Planck, Anm. 6 b zu § 433.

[7]) Staudinger, Anm. V 2 b zu § 433.

[8]) Daß der Zedent dem Zessionar nur den Besitz an der Beweisurkunde einzuräumen hat, ist auch die Ansicht von Oertmann, Anm. 2 b zu § 402 BGB.

tümer desselben zurückzugeben, eine nach sachenrechtlichen Grundsätzen selbstverständliche ist.

Nicht immer aber ist die Aktie ein zum Beweis des Bezugsrechts notwendiges Papier; es kommt vor, daß die Gesellschaft zum Zwecke der bequemeren Veräußerlichkeit des Bezugsrechts sogen. „Bezugsrechtsscheine"[9]) ausgibt. Diese sind Schuldverschreibungen auf den Inhaber, in welchen sich die Gesellschaft verpflichtet, dem Überbringer des Scheines die Anzahl von Aktien, auf welche er lautet, innerhalb der festgesetzten Bezugsfrist, zu überlassen. Der Hergang ist dabei der, daß der Aktionär seine Aktie bei der Gesellschaft, bzw. Emissionsstelle, einreicht, daß diese Aktie für weitere Bezugsrechtsausübungen durch einen Stempelaufdruck entwertet und ihm dann dafür die entsprechende Anzahl von Bezugsrechtsscheinen ausgehändigt wird. Gewöhnlich gewährt ein Bezugsrechtschein ein ebenso großes Bezugsrecht, wie eine Aktie, so daß also, falls mehreren alten Aktien das Bezugsrecht auf eine neue Aktie gewährt wird, die Veräußerung der „Spitzen" eine sehr bequeme ist. Aber auch in anderer Hinsicht ist durch diese Scheine die Veräußerlichkeit des Bezugsrechts sehr erleichtert. Sie können nämlich bequemer verschickt werden, als die Aktienurkunde: Es ist bei Versendungen von Aktien, die einen bedeutenden Wert repräsentieren, üblich, dieselben zu versichern, was mit erheblichen Spesen verbunden ist; bei den Bezugsrechtsscheinen, die nicht so kostbar sind, ist dies im allgemeinen nicht nötig: Ginge die Haupturkunde verloren, so muß der Aktionär, um sein Aktienrecht nicht zu verlieren, sie gemäß § 228 HGB. im Wege des Aufgebotsverfahrens für kraftlos erklären lassen. Bei Versendung des Bezugsrechtsscheines riskiert er höchstens, falls dieser verloren geht, daß er den Wert des Bezugsrechts verliert. Natürlich wäre auch hier die Kraftloserklärung im Wege des Aufgebotsverfahrens denkbar; doch ist bei der kurzen Frist, die im allgemeinen für die Ausübung des Bezugsrechts bestimmt wird, praktisch ein solches

---

Anders Staudinger, Anm. 1b zu § 402. Danach müßte der Zedent dem Zessionar an der Urkunde das Recht einräumen, das er selbst daran hatte, d. h., wenn er im vorliegenden Fall Eigentümer der Aktienurkunde ist, müßte er sie zu Eigentum übertragen. Um dies zu vermeiden, müßte sich also der Verkäufer des Bezugsrechts nach dieser Theorie sein Recht an der Aktienurkunde ausdrücklich vorbehalten, eine Maßregel, die jedenfalls nichts schaden kann, wenn sie auch nach der im Text vertretenen Ansicht nicht notwendig ist. — Es kommt aber auch vor, daß über die Aktienmäntel ein besonderer Leihvertrag abgeschlossen wird, so daß sich dann die Rückgabepflicht des Käufers, von den sachenrechtlichen Grundsätzen abgesehen, auch aus § 604 Abs. 2 BGB. ergibt.

[9]) Vgl. den Prospekt in Anlage I Nr. V S. 92 und Anlage II S. 93.

Verfahren meist undenkbar.[10]) — Wenn nun also die Gesellschaft derartige Bezugsrechtsscheine ausgibt, so ist der Verkäufer des Bezugsrechts verpflichtet nach § 402 BGB. sie dem Käufer auszuliefern.

Eine weitere Pflicht des Verkäufers wäre nach § 403 BGB. dem Käufer auf sein Verlangen eine öffentlich beglaubigte Urkunde über die Abtretung des Bezugsrechts auszustellen.

Der Verkäufer haftet dem Käufer für den rechtlichen Bestand des Bezugsrechts nach § 437 BGB. und ist selbstverständlich verpflichtet, dem Käufer das Bezugsrecht frei von Rechten zu verschaffen, die von Dritten gegen den Käufer geltend gemacht werden können (§ 434 BGB.), ausgenommen den Fall, daß der Käufer den Rechtsmangel beim Kaufabschluß kennt (§ 439 BGB.). Die Rechte Dritter am Bezugsrecht könnten z. B. sein, Nießbrauch, Pfandrecht usw. Davon wird unten zu handeln sein.[11])

Falls der Verkäufer diesen dargestellten Verpflichtungen nicht nachkommt, so sind zum Schutze des Käufers die allgemeinen Regeln über die gegenseitigen Verträge (§§ 320 bis 327 BGB.) anzuwenden. Dies bestimmt § 440 Abs. 1 BGB.

Pflicht des Käufers des Bezugsrechts ist es, den vereinbarten Kaufpreis zu zahlen. Falls über den Kaufpreis nichts vereinbart ist, so steht die Bestimmung desselben nach § 316 BGB. dem Käufer zu; er darf jedoch im Zweifel diese Bestimmung nicht nach Belieben treffen, sondern hat sie gemäß § 315 Abs. 1 BGB. nach billigem Ermessen zu treffen und dem billigen Ermessen wird es in der Regel entsprechen, wenn der Käufer eine dem Börsenkurs des Bezugsrechts entsprechende Summe als Kaufpreis bestimmt. — Eine weitere Pflicht des Käufers ist es, nach Ausübung des Bezugsrechts dem Verkäufer die zum Zwecke der Ausübung des Bezugsrechts übergebenen Aktienmäntel zurückzugeben. Diese Verpflichtung kann entweder besonders stipuliert sein (doch ist das praktisch selten), oder, falls dies nicht der Fall ist, kann der Aktionär vermittels der rei vindicatio nach § 985 BGB. die Aktienmäntel zurückverlangen. Bekanntlich wandern die Aktienmäntel innerhalb der Bezugsfrist durch sehr viele Hände, bis sie bei der Emissionsstelle landen; es bestehen usancemäßige Fristen für die Rückgabe derselben; Fälle, in denen der Aktionär, um die Rückgabe der Aktienmäntel zu erreichen, die genannten Zwangsmittel anwenden muß, sind praktisch sehr selten, da die

[10]) Vgl. ZPO. § 1015. Die Geltungsdauer der Bezugsrechtsscheine wird gewöhnlich auf die Bezugsfrist beschränkt.

[11]) Unten Kap. VI S. 45 ff.

Mäntel allein für den Besitzer gar keinen Wert haben und der Dividendenbogen regelmäßig bei dem Eigentümer zurückverbleibt.

Schließlich ist über den Verkauf des Bezugsrechts noch zu sagen, daß derselbe sehr häufig als Börsengeschäft, d. h. an der Börse durch Vermittlung eines amtlichen Kursmaklers vorgenommen wird, wobei dann offizielle Notierungen nach § 31 des BörsenG. stattfinden können. Falls aber die Aktien der Gesellschaft, die eine neue Emission vornimmt, vom Börsenhandel ausgeschlossen sind, so wird in analoger Anwendung des § 43 des BörsenG. anzunehmen sein, daß dann auch ein offizieller Handel in Bezugsrechten der betreffenden Gesellschaft unzulässig ist, d. h. es darf keine amtliche Kursfeststellung erfolgen, die Benutzung der Börseneinrichtungen, die Vermittlung durch amtliche Kursmakler ist ausgeschlossen und die Veröffentlichung und Verbreitung von Kurszetteln für Geschäfte über derartige Bezugsrechte ist verboten.

Was den Tauschvertrag über das Bezugsrecht angeht, so sind darauf nach § 515 BGB. die Vorschriften über den Kauf entsprechend anzuwenden. — Der Schenkungsvertrag über das Bezugsrecht richtet sich nach den §§ 516—534 BGB. Zu besonderen Bemerkungen bietet er keinen Anlaß. —

Damit haben wir die verschiedenen Gründe des abgeleiteten Erwerbs des Bezugsrechts unter Lebenden betrachtet.

Wir kommen zu dem abgeleiteten Erwerb des (unbedingten) Bezugsrechts von Todes wegen. Auch hier bestehen wieder zwei Möglichkeiten: Das Bezugsrecht kann zusammen mit der Aktie oder selbständig erworben werden. Es kann sein, daß der Aktionär nach dem Generalversammlungsbeschluß, der ihm das Bezugsrecht einräumt, stirbt. Dann erwirbt sein Erbe das Bezugsrecht zusammen mit der Aktie; falls aber der Erblasser das Bezugsrecht durch „Stellung des Verlangens" schon geltend gemacht hat, so kann es sein, daß der Erbe der Aktie und der Erbe des Bezugsrechts verschiedene Personen sind, denn das Bezugsrecht war durch die Geltendmachung eine rein persönliche Forderung des Erblassers geworden, die mit seiner Aktionäreigenschaft nicht mehr zusammenhing.

Es ist z. B. eine testamentarische Bestimmung denkbar, zufolge deren der Erblasser das Bezugsrecht als Vermächtnis jemanden hinterläßt. Dann ist der Erbe nach § 2174 BGB. verpflichtet, das vermachte Bezugsrecht zu leisten, d. h. der Erbe ist verpflichtet, das Bezugsrecht dem Vermächtnisnehmer abzutreten.[12]) Es kommen dann die oben schon behandelten Regeln

[12]) Staudinger, Anm. I zu § 2174.

von der Zession zur Anwendung, woraus hauptsächlich die Pflicht des Erben resultiert, dem Vermächtnisnehmer die notwendigen Legitimationspapiere zu überlassen. — Nicht ganz einfach ist die Anwendung des § 2173 BGB. auf das Bezugsrecht. Dieser Paragraph handelt von dem Vermächtnis einer Forderung und nimmt an, daß noch vor dem Tode des Erblassers die Leistung, auf die das Forderungsrecht gerichtet war, erfolgt ist. Für diesen Fall gibt § 2173 die Auslegungsregel, es sei im Zweifel anzunehmen, daß dem Bedachten der bereits geleistete Gegenstand zugewendet werden soll. Der geleistete Gegenstand wären in unserem Fall die neuen Aktien. Nun ist es natürlich etwas ganz anderes, ob der Vermächtnisnehmer das Bezugsrecht oder die neuen Aktien erhält. Das Bezugsrecht repräsentiert in der Regel einen Vermögenswert insofern, als der Berechtigte dadurch Aktien verhältnismäßig billig beziehen kann. Wenn der Vermächtnisnehmer, dem das Bezugsrecht vermacht ist, dasselbe ausübt, so ist selbstverständlich, daß er und nicht etwa der Erbe verpflichtet ist, die auf Grund des Bezugsrechts erhaltenen Aktien zu bezahlen. (Natürlich könnte der Erblasser auch anderes bestimmt haben; wir setzen hier nur den Fall, daß der Erblasser den Vermächtnisnehmer nur auf das Bezugsrecht eingesetzt hat). Falls der Vermächtnisnehmer dies nicht tun will, kann er das Bezugsrecht durch Verkauf verwerten. Der erzielte Erlös wird aber in jedem Fall beträchtlich geringer sein, als der Wert, der auf Grund des Bezugsrechts erhaltenen Aktien. Wir sehen daraus also, daß man den § 2173 BGB. in diesem Fall nicht so auslegen darf, daß der Vermächtnisnehmer, im Fall die neuen Aktien schon vor dem Tode des Erblassers an denselben geleistet wurden, einfach das Recht hat, diese neuen Aktien unentgeltlich zu erhalten; denn sonst würde er ja etwas ganz anderes und zwar gewöhnlich einen unverhältnismäßig viel größeren Wert erhalten, als ihm der Erblasser einräumen wollte. Sondern in diesem Fall hat der Vermächtnisnehmer nur das Recht, von dem Erben die neuen Aktien zu verlangen, zu dem Preis, zu dem sie der Erblasser von der Gesellschaft beziehen konnte, also zum Emissionspreis. Dann hat er genau den Vermögenswert erhalten, den ihm der Erblasser zuwenden wollte. Sollte inzwischen der Aktienkurs gefallen sein, so daß der Emissionspreis gegenüber dem Tageskurs zu teuer wäre, so kann der Vermächtnisnehmer selbstverständlich das Vermächtnis ausschlagen (§ 2176 BGB.)

Hat der Erblasser kein Testament gemacht, so tritt die gesetzliche Erbfolge ein. Falls mehrere Erben vorhanden sind, so besteht unter ihnen bis zur Auseinandersetzung die Erbengemeinschaft nach § 2032 Abs. 1 BGB. Falls nun zum Nachlaß Bezugsrechte gehören, so ist es eine tatsächliche Frage, ob die Geltendmachung dieser Bezugsrechte eine Maßregel darstellt, die zur ordnungsgemäßen Verwaltung des Nachlasses erforderlich ist. Ist dies der Fall, so kann jeder Miterbe von den andern nach § 2038 Abs. 1 BGB. verlangen, daß sie zur Ausübung desselben mitwirken. In gewissen Fällen kann auch der Verkauf des Bezugsrechts die für die ordnungsmäßige Verwaltung des Nachlasses vorzuziehende Maßregel sein. Dann könnte jeder Miterbe von den andern Mitwirkung hiezu verlangen. Er könnte beide Maßnahmen eventuell sogar ohne Mitwirkung der anderen Miterben ergreifen, insofern nach den Umständen des Falls die Ausübung bzw. der Verkauf des Bezugsrechts eine zur Erhaltung des Nachlasses notwendige Maßregel ist. Eine allgemeine Regel, ob und welche dieser Rechtshandlungen zur Erhaltung bzw. Verwaltung des Nachlasses notwendig sind, läßt sich nicht aufstellen, es ist dies eine Tatfrage.[13]) — Wird während der Dauer der Erbengemeinschaft die Leistung der Aktien von der Gesellschaft verlangt, so kann diese nur an alle Erben gemeinschaftlich leisten und es kann ein Erbe nur die Leistung an alle Erben gemeinschaftlich verlangen; eventuell könnte jeder Erbe die Hinterlegung der Aktien für alle Erben verlangen. Dies ist der Inhalt des § 2039 BGB. Die weitere Gemeinschaft der Erben an der Aktie richtet sich dann nach § 225 HGB.

Die Erbengemeinschaft findet ihr Ende durch die Auseinandersetzung. Über die Zulässigkeit derselben sprechen die §§ 2042 Abs. 1, 2043 bis 2045 BGB. Die Auseinandersetzung in bezug auf das Bezugsrecht richtet sich nach § 754 BGB., der zufolge § 2042 Abs. 2 BGB. hier anzuwenden ist. Danach ist, falls die Miterben nichts anderes unter sich vereinbart haben, — denn die Regeln über die Auseinandersetzung der Gemeinschaft sind nicht zwingendes Recht,[14]) — der Verkauf der gemeinschaftlichen Bezugsrechtsforderung nur zulässig, wenn dieselbe noch nicht eingezogen werden kann. Als einziehbar ist das Bezugsrecht zu erklären, sobald die Bezugsfrist in Lauf gesetzt ist, also die Aktionäre der Gesellschaft gegenüber das Verlangen stellen können, jedoch ausgenommen den Fall, daß die erfolgte Erhöhung des Grundkapitals noch nicht ins Handelsregister eingetragen ist;[15]) denn da in diesem Fall die Gesellschaft

[13]) Vgl. aber RG. Bd. 44 S. 249. Diese Entscheidung ist allerdings vor dem Inkrafttreten des BGB. erlassen werden. Ferner Makower, Anm. II a zu § 282.

[14]) Staudinger, Anm. A zu § 752 BGB.

[15]) Man wird sich fragen, wie denn der Fall möglich ist, daß die Bezugsfrist erst beginnt nach der erfolgten Eintragung, da doch Voraussetzung der Ein-

nach § 287 Abs. 1 HGB. die neuen Aktien oder Interimsscheine noch nicht ausgeben darf, so ist, trotzdem die Bezugsfrist bereits in Lauf gesetzt ist, die Forderung eine uneinziehbare, im Sinne des § 754 BGB. Ist aber die Einziehung der Bezugsrechtsforderung möglich, so kann jeder Miterbe gemeinschaftliche Einziehung verlangen (§ 754 Satz 2 BGB.). Die gemeinsam eingeforderten Aktien werden zunächst wieder in der Weise gemeinschaftlich, wie es das Bezugsrecht war.[16]) Wenn also ihre Zahl so beschaffen ist, daß jeder Erbe gerade eine seinem Erbteil entsprechende Anzahl von Aktien bekommen kann, so wird die Gemeinschaft an ihnen nach § 752 BGB. durch Teilung in Natur aufgehoben. Ist dies nicht der Fall, so erfolgt die Aufhebung der Gemeinschaft durch Verkauf nach § 753 BGB.

Wir sehen also, es kann im Fall der Erbengemeinschaft öfter vorkommen, daß ein Miterbe von dem andern die Mitwirkung zur Geltendmachung des Bezugsrechts verlangen kann. Aus der Geltendmachung entspringt aber stets, wie wir unten sehen werden, die Pflicht, die neuen Aktien auch zu übernehmen und zu bezahlen. Es kann also in diesem Fall vorkommen, daß ein Miterbe von dem andern zu einem Vermögensaufwand gezwungen werden kann. Es ist nicht ersichtlich, wie dieses Resultat nach den gesetzlichen Bestimmungen vermieden werden könnte. Praktisch ist dasselbe ja auch nicht so bedenklich, wie es zunächst scheinen mag; denn gewöhnlich werden sich die Erben über einen Verkauf des Bezugsrechts einigen, falls einer der Miterben der Geltendmachung des Bezugsrechts widerspricht. Aber selbst wenn eine solche Einigung nicht erzielt wird, und ein Miterbe also gezwungen ist Aktien zu beziehen, so wird ihm insofern daraus gewöhnlich kein Schaden erwachsen, als ja bei der bestehenden Gestaltung des Geschäftslebens die Aktien sehr leicht verkäuflich sind und er sie mindestens zum Emissionspreis gewöhnlich ohne Schwierigkeiten losschlagen kann.

Soweit ein Nachlaß für Nachlaßverbindlichkeiten haftet, sind selbstverständlich auch die zum Nachlaß gehörigen Bezugsrechte mithaftbar. —

Zu allen Erwerbsgründen des Bezugsrechts ist noch folgende allgemeine Bemerkung zu machen: Es ist (von den oben

tragung nach § 284 HGB. ist, daß die Zeichnung bereits vollendet, also die Bezugsfrist längst abgelaufen ist. Die Lösung ist sehr einfach: Es ist dies nur möglich in dem (für die Praxis fast ausschließlich in Betracht kommenden) Fall, daß das Bezugsrecht formell ausgeschlossen war und einziger Zeichner das Emissionskonsortium war. Wenn die Zeichnung durch dieses eingetragen ist, wird erst der Lauf der Bezugsfrist für die Aktionäre eröffnet.

[16]) Staudinger, Anm. 5 zu § 754 BGB.

erwähnten Ausnahmsfällen abgesehen) stets Sache des Bezugsberechtigten, ob er das erworbene Bezugsrecht ausüben will oder nicht. Eine Verpflichtung zur Übernahme neuer Aktien besteht nicht. Es würde dies dem § 211 HGB. widersprechen.[17]) Wenn aber der Bezugsberechtigte sein Bezugsrecht durch „Stellung des Verlangens" der Gesellschaft gegenüber ausgeübt hat, so ist es anders: In der Stellung des Verlangens liegt die Erklärung des Bezugsberechtigten, er wolle neue Aktien beziehen, d. h. er erklärt, alle die Schritte vornehmen zu wollen, die beim Aktienbezug im allgemeinen nötig sind. Damit ist ein ganz neues Stadium in seiner Stellung zur Aktiengesellschaft eingetreten: Der Aktionär hat sich damit unwiderruflich[18]) auch eine Pflicht aufgeladen, nämlich die Pflicht, in der angegebenen Höhe (die Höchstgrenze wird durch den Umfang seines Bezugsrechts gegeben), Mitgliedschaftsrechte zu erwerben. Die aus der Natur der Aktiengesellschaft (§ 178 HGB.) sich ergebende Folge ist, daß er zu seiner aktienmäßigen Einlage verpflichtet ist. Diese Einlage muß dem festgesetzten Emissionskurs entsprechen. Es entspringt also aus der Geltendmachung des Bezugsrechts die Bezugspflicht. Ihren äußeren Ausdruck findet das häufig darin, daß der Aktionär gleichzeitig mit der Geltendmachung oder nach derselben einen Zeichnungsschein nach § 281 HGB. unterschreibt, d. h. einen Schein, in dem er sich verpflichtet, die Zahl der Aktien zu beziehen, die er kraft seines Bezugsrechts beansprucht hat. Der Zeichnungsschein ist aber nicht die notwendige Form für Entstehung der Verpflichtung des Aktionärs. Sondern es ist daran festzuhalten, daß schon aus der formlosen Erklärung des Aktionärs, er mache sein Bezugsrecht geltend, die Bezugspflicht des Aktionärs entspringt. — Eine andere Frage ist es, ob nicht die Aktiengesellschaft, nachdem der Aktionär sein Bezugsrecht durch Stellung des Verlangens geltend gemacht hat, noch die Ausstellung eines Zeichnungsscheins verlangen kann. Es wird dies wohl zu bejahen sein für den Fall, daß die Gesellschaft selbst die Emission der neuen Aktien übernimmt, da sie zur notwendigen Eintragung der erfolgten Kapitalserhöhung nach § 284 Abs. 2 Nr. 1 HGB. Duplikate der Zeichnungsscheine der Anmeldung beifügen muß und für den Fall des Bestehens von Bezugsrechten keine Ausnahme

[17]) Vgl. Staub, Anm. 9 zu § 282; Makower, Anm. II b zu § 282; Pinner, Anm. II 6 zu § 282.

[18]) Eine Anfechtung der Erklärung, worin der Aktionär das Verlangen stellt, dürfte ebensowenig zulässig sein, wie die Anfechtung eines Zeichnungsscheins. Vgl. oben S. 16 Anm. 6.

gemacht ist. Dagegen wenn die Emission durch ein Emissionskonsortium vorgenommen wird, kann die Gesellschaft die Ausstellung von Zeichnungsscheinen nur verlangen, wenn dies nach dem Gesellschaftsvertrag oder zufolge Generalversammlungsbeschlusses ausdrücklich vorgeschrieben ist.[19]) Gerade an diesem Fall zeigt sich deutlich, daß die Grundlage der Verpflichtung des Aktionärs **nicht** der Zeichnungsschein bildet, sondern das formlose Bezugsverlangen. Die Zeichnungsscheine haben natürlich für die Gesellschaft den großen praktischen Wert eines bequemen Beweismittels für die Einlagepflicht des Aktionärs. Deshalb ist es sehr häufig, daß im Kapitalserhöhungsbeschluß festgesetzt wird, bei Geltendmachung des Bezugsrechts müsse gleichzeitig eine Zeichnungserklärung eingereicht werden.[20]) Aber grundlegend ist daran festzuhalten: Die Quelle der Verpflichtung des Aktionärs ist nicht der Zeichnungsschein, sondern die formlose „Stellung des Verlangens“.

Dieser Grundgedanke ist von großer Bedeutung für die Frage: Welches ist denn nun das Rechtsverhältnis zwischen der Gesellschaft und dem Aktionär, der sein erworbenes Bezugsrecht geltend gemacht hat? Nach dem Gesagten ist klar, daß eigentlich zwei Rechtsverhältnisse zu unterscheiden sind, die auf ganz verschiedenen Grundlagen beruhen: Einmal die Verpflichtung der Gesellschaft zur Lieferung der neuen Aktien; diese beruht unmittelbar auf dem Kapitalserhöhungsbeschluß, eventuell auf dem Gesetz selber; sie hat die Wirkung, daß die Gesellschaft die neuen Aktien zum Bezug für die alten Aktionäre bereithalten muß, und daß sie dieselben ausliefern muß, wenn ein Aktionär das Verlangen gestellt hat. Die Verpflichtung erlischt erst mit dem Ablauf der Bezugsfrist in Ansehung derjenigen Aktien, die von den bezugsberechtigten Aktionären nicht verlangt wurden. — Andererseits steht dem gegenüber, die Verpflichtung des Aktionärs zur Bezahlung der neuen Aktien. Dieselbe hat ihren Rechtsgrund in der von ihm abgegebenen einseitigen Verpflichtungserklärung, die in der „Stellung des Verlangens“ enthalten ist. Einer Annahme dieser Verpflichtungserklärung durch die Gesellschaft bedarf es nicht; denn die Gesellschaft hat kein Recht, dieselbe zurückzuweisen. Somit liegt zwischen

---

[19]) **Staub**, Anm. 4 zu § 282; **Makower**, Anm. IIb zu § 282; **Lehmann-Ring**, Anm. 3 zu § 282 nehmen die **Verpflichtung** zur Ausstellung eines Zeichnungsscheines an, berücksichtigen aber dabei scheinbar nur den Fall der Emission durch die Gesellschaft selbst. Über die Frage, ob der Zeichnungsschein oder das „Verlangen“ Grundlage der Verpflichtung des Aktionärs ist, ist damit natürlich nichts gesagt.

[20]) Vgl. z. B. den Prospekt in Anlage I Nr. III S. 92.

Aktionär und Gesellschaft keineswegs ein Vertragsverhältnis vor. Wohl stehen sich hier Leistung und Gegenleistung gegenüber, aber nicht auf Grund eines Vertrages, sondern auf Grund zweier scharf getrennt zu haltender Rechtsvorgänge. Dabei ist die vielumstrittene Frage für uns ganz gleichgültig, ob in der Aktienzeichnung ein Vertrag oder eine einseitige Verpflichtungserklärung zu erblicken sei. Denn beim Vorliegen von Bezugsrechten ist die Zeichnung nur ein akzessorischer Akt, die Grundlage der Verpflichtung des Aktionärs ist seine einseitige Willenserklärung, deren Annahme durch die Gesellschaft unmöglich ist.[21])

Die sehr wichtige Folgerung aus dieser rechtlichen Natur des Verhältnisses zwischen der Gesellschaft und dem Bezugsverpflichteten ist, daß auf dieses Rechtsverhältnis die Regeln vom gegenseitigen Vertrag, die in den §§ 320 bis 327 BGB. aufgestellt sind, nicht anwendbar sind. — Wohl aber sind anwendbar die Vorschriften über das Zurückbehaltungsrecht beim unvollkommen zweiseitigen Schuldverhältnis, §§ 273, 274 BGB. § 273 gewährt das Zurückbehaltungsrecht, wenn der Schuldner einen fälligen Anspruch gegen den Gläubiger aus demselben Rechtsverhältnisse hat; darunter ist zu verstehen, ein Verhältnis, welches nach den Grundsätzen von Treu und Glauben nicht gestattet, daß der Anspruch des Gläubigers aus dem Verhältnis geltend gemacht wird, ohne Rücksicht auf den Anspruch des Schuldners.[22]) Ein solches Rechtsverhältnis liegt hier zwischen der Gesellschaft und dem Bezugsberechtigten zweifellos vor. Näheres wird bei der Darlegung der Stellung des Bezugsrechts im Konkurs und des Rechtsschutzes des Bezugsrechts noch zu sagen sein.[23]) —

Der Verlust des Bezugsrechts tritt zunächst selbstverständlich aus allen den Gründen ein, aus denen die Aktionärrechte überhaupt verloren gehen, d. h. durch die verschiedenen Arten des Verlustes der Aktionärstellung überhaupt. Eine Ausnahme bildet auch hier wieder der Fall, daß der Aktionär sein Bezugsrecht bereits geltend gemacht hat: Das Bezugsrecht bleibt dann eine persönliche Forderung dessen, der das Verlangen gestellt hat, auch wenn er die Aktionäreigenschaft verliert. — Davon ist jedoch eine weitere Ausnahme zu machen für den Fall der Verlust

---

[21]) Anderer Ansicht: Reiß, „Zeichnung und Übernahme von Aktien" S. 37, der zwar auch betont, daß es einer Annahme der Zeichnung beim Vorliegen von Bezugsrechten nicht bedarf, der aber trotzdem ein Vertragsverhältnis zwischen Zeichner und Gesellschaft auch hier annimmt.

[22]) Staudinger, Anm. II 1 b zu § 273; RG. Bd. 14 S. 233 f.

[23]) Vgl. unten Kap. VI S. 54 — Kap. VIII S. 79.

der Aktionäreigenschaft zufolge des Kaduzierungsverfahrens nach § 219 HGB. eintrat. In diesem Fall verliert der Aktionär sein Bezugsrecht mit dem Verlust der Aktionäreigenschaft, ohne Rücksicht darauf, ob er es bereits geltend gemacht hat oder nicht.

Es gibt aber auch umgekehrt Fälle, in denen das Bezugsrecht verloren geht, ohne daß die Aktionäreigenschaft des Berechtigten verloren geht. Vor allem geht das bedingte Bezugsrecht dadurch verloren, daß der Kapitalerhöhungsbeschluß das Bezugsrecht ausschließt. Dazu hat die Generalversammlung, wie schon gezeigt, ein unbeschränktes Recht, das weder im Statut noch sonstwie eingeengt werden kann. Daß in der Generalversammlung ein derartiger, das Bezugsrecht ausschließender Beschluß gefaßt werden soll, braucht in der Tagesordnung (§ 256 HGB.) nicht angekündigt zu werden, wenn nur im allgemeinen angekündigt wird, daß über eine Erhöhung des Grundkapitals Beschluß gefaßt werden soll. Denn die Regelung des Bezugsrechts ist ein wesentlicher Bestandteil des Kapitalserhöhungsbeschlusses und die Aktionäre müssen wissen, daß über die Gestaltung bzw. den Ausschluß des Bezugsrechts dabei Beschluß gefaßt werden wird.[24])

Aber auch nachdem das Bezugsrecht durch den Generalversammlungsbeschluß ein unbedingtes Sonderrecht geworden ist, kann es aus verschiedenen Gründen verloren gehen: Der wichtigste Grund ist vor allem die Befriedigung des im Bezugsrecht liegenden Anspruchs. Ferner geht das Bezugsrecht verloren durch Verzicht des Aktionärs. Einen Verzicht hat man auch in der Versäumung der gesetzten Bezugsfrist zu erblicken;[25]) denn der Zweck der Fristsetzung ist ja der, daß nach Ablauf derselben die Gesellschaft das Recht hat, den Aktionär, der sein Bezugsrecht verspätet geltend macht, zurückzuweisen. Im übrigen aber ist die Wirkung eines Verzichts auf das Bezugsrecht nicht etwa die, daß das Bezugsrecht des verzichtenden Aktionärs den übrigen Aktionären anwächst, sondern die Aktiengesellschaft hat dann bezüglich der Vergebung der nicht bezogenen Aktien freie Hand. Hätte das Gesetz die Anwachsung gewollt, so hätte es dieselbe ausdrücklich aussprechen müssen.[26])

---

[24]) Staub, Anm. 3 zu § 282; RG. Bd. 67 S. 106; ferner RG. bei Holdheim Bd. 15 S. 248. Ferner JW. Bd. 37, 1908, S. 113. Dagegen: Esser, „Die Aktiengesellschaft", Anm. 2 zu § 282.

[25]) Makower, Anm. IV zu § 282; Denkschrift S. 157 bei Hahn-Mugdan S. 321.

[26]) Ebenso Staub, Anm. 9 zu § 282; Makower, Anm. II c zu § 282; Pinner, Anm. II 4 zu § 282; Lehmann-Ring, Nr. 4 zu § 282; Brand, Anm. 3 c zu § 282.

Ein weiterer Grund für das Erlöschen des Bezugsrechts wäre, daß die beschlossene Erhöhung des Grundkapitals nicht zustande kommt, z. B. weil inzwischen der Konkurs über das Vermögen der Aktiengesellschaft eröffnet wurde.[27] Dagegen ist es fraglich, ob ein Verlust des Bezugsrechts durch confusio eintreten würde, d. h., dadurch, daß die Gesellschaft ihre eigenen Aktien, die das Bezugsrecht gewähren, erwirbt. Es dürfte wohl der Struktur der Aktiengesellschaft zuwiderlaufen, wenn man ihr für den Fall des Erwerbs eigener Aktien (soweit dieser nach § 226 HGB. überhaupt zulässig ist), das Bezugsrecht, d. h. ein Recht auf den Erwerb weiterer Mitgliedschaftsrechte, einräumen würde.[28]

Kein Grund für den Verlust des Bezugsrechts ist dagegen jedenfalls ein Generalversammlungsbeschluß, der das unbedingte Bezugsrecht der Aktionäre ihnen wieder absprechen würde. Es würde dies der Natur des unbedingten Bezugsrechts als unentziehbares Sonderrecht widersprechen und somit wäre ein solcher Beschluß ungültig. Dagegen ist es eine andere Frage, ob die Generalversammlung nicht beschließen kann, die Kapitalserhöhung überhaupt zu unterlassen und so das entstandene Bezugsrecht zu zerstören. Da dem keine gesetzliche Bestimmung im Wege steht, wird es wohl für zulässig zu halten sein und demzufolge wäre auch ein Vorgehen gültig, in dem die Generalversammlung beschließt, das bisherige Kapitalserhöhungsverfahren einzustellen, dagegen ein neues Verfahren zu beginnen, für welches dann ein Ausschluß oder eine Beschränkung des Bezugsrechts beschlossen wird.[29]

VI. Kapitel.

Das Bezugsrecht im Zusammenhang mit einzelnen Materien des allgemeinen bürgerlichen und Prozeßrechts.

Es ist im folgenden die Anwendung einzelner Vorschriften des bürgerlichen Rechts im allgemeinen, sowie des Prozeßrechts auf das Bezugsrecht zu untersuchen. Selbstverständlich können nicht alle erdenklichen juristischen Kombinationen, in denen das Bezugsrecht eine Rolle spielen kann, zusammengetragen werden, sondern es soll nur untersucht werden, wie sich das Bezugsrecht in einzelnen praktisch wichtigen Fällen des Rechtslebens gestaltet.

---

[27]) Vgl. unten Kap. VI S. 55 ff.

[28]) Vgl. Lehmann bei Goldschmidt Bd. 59 S. 631. Runkel-Langsdorff, „Die Folgen des Erwerbs eigener Aktien durch die Aktiengesellschaft" spricht sich über das Bezugsrecht speziell nicht aus, doch ist aus seinen Ausführungen zu entnehmen, daß er der Gesellschaft das Bezugsrecht einräumen würde.

[29]) Vgl. Makower, Anm. I zu § 282.

Steht das Bezugsrecht einer Gesellschaft nach § 705 BGB. zu, so ist die Beschlußfassung über Geltendmachung des Bezugsrechts im Zweifel an einen einstimmigen Beschluß der Gesellschafter gebunden, die Geltendmachung selbst ist Sache aller Gesellschafter gemeinschaftlich: Es ist der § 709 Abs. 1 BGB. hier anzuwenden, da die Geltendmachung des Bezugsrechts ein Akt der Geschäftsführung der Gesellschaft ist. Der Gesellschaftsvertrag kann Abweichendes bestimmen; alle derartigen Bestimmungen des Gesellschaftsvertrages, die sich auf die Geschäftsführung beziehen, umfassen dann auch die auf das Bezugsrecht bezüglichen Maßregeln. Vgl. §§ 709 Abs. 2, 710—714 BGB.

Wichtiger ist der Fall, daß eine offene Handelsgesellschaft (§ 105 HGB.) Aktien im Gesellschaftsvermögen hat und dabei Bezugsrechte erwirbt. In diesem Fall ist jeder Gesellschafter, der zur Geschäftsführung berechtigt ist, befugt, das Bezugsrecht entweder geltend zu machen oder durch Veräußerung zu verwerten. Seine Befugnis zur Geschäftsführung erstreckt sich nach § 116 Abs. 1 HGB. auf alle Handlungen, die der gewöhnliche Betrieb des Handelsgewerbes der Gesellschaft mit sich bringt. Es wird eine Tatfrage sein, ob der gewöhnliche Betrieb des betreffenden Handelsgewerbes die Geltendmachung oder die Veräußerung des Bezugsrechts erfordert. Wenn ein anderer geschäftsführender Gesellschafter der Verwertung des Bezugsrechts widerspricht, so muß diese unterbleiben, § 115 Abs. 1 HGB. — Wird die offene Handelsgesellschaft aufgelöst, so steht das Bezugsrecht demjenigen Gesellschafter zu, der bei der Liquidation die Aktien, die das Bezugsrecht gewähren, zugeteilt erhalten hat. Ausgenommen ist der Fall, daß das Bezugsrecht bereits zugunsten der offenen Handelsgesellschaft geltend gemacht worden war. Dann hatte diese als solche bereits das Bezugsrecht erworben und es muß hinsichtlich desselben eine besondere Auseinandersetzung stattfinden (§ 149 HGB.). — Wenn nach dem Statut der Aktiengesellschaft (was nur nach dem vor 1884 geltenden Recht möglich ist)[1]) das Bezugsrecht an die Person eines ersten Zeichners (Gründers) der Gesellschaft geknüpft ist und zu den ersten Zeichnern ein Gesellschafter einer offenen Handelsgesellschaft gehört, der für die offene Handelsgesellschaft als solche Aktien zeichnet, so behält nach Auflösung der offenen Handelsgesellschaft der zeichnende Gesellschafter persönlich das Bezugsrecht, sofern er nur die bezugsberechtigenden Aktien noch in Händen hat. Dies hat das Reichsgericht ausdrücklich anerkannt.[2]) —

[1]) Vgl. oben Kap. IV S. 22 f.

[2]) RG. Bd. 65 S. 21.

Wenn an den Aktien, die das Bezugsrecht gewähren, ein Nießbrauch besteht, so erhebt sich die Frage, ob in diesem Fall der Nießbraucher oder der Eigentümer der Aktie bezugsberechtigt ist. Nießbrauch ist das unveräußerliche und unvererbliche Recht, sämtliche Nutzungen eines Gegenstandes zu ziehen. Diese Definition gilt für den Sach- wie für den Rechtsnießbrauch. Vgl. § 1030 im Zusammenhang mit § 1068 BGB. Der Nießbrauch an Aktien ist unter den Rechtsnießbrauch einzureihen, denn es wird durch denselben nicht etwa ein Nießbrauch an der Aktienurkunde, sondern ein Nießbrauch an dem Aktienrecht, also an dem Komplex von Rechten, die dem Aktionär als solchem zustehen würden, bestellt.[3]) Nießbrauch an Aktien ist also das Recht, sämtliche Nutzungen des Aktienrechts zu ziehen. Somit spitzt sich unsere Frage, ob dem Eigentümer oder dem Nießbraucher der Aktie das Bezugsrecht zusteht, darauf zu, ob das Bezugsrecht eine Nutzung der Aktie darstellt. Dies ist eine in der Literatur stark umstrittene Frage. Unter Nutzungen eines Rechts sind nach § 100 BGB. zu verstehen die Früchte des Rechts, sowie die Vorteile, welche der Gebrauch des Rechts gewährt.

Zunächst ist demnach zu betrachten, ob das Bezugsrecht eine Frucht des Aktienrechts darstellt. Als Frucht das Aktienrechts ist das Bezugsrecht zufolge § 99 Abs. 2 BGB. dann zu bezeichnen, wenn es den bestimmungsgemäßen Ertrag des Aktienrechts darstellt. Es sprechen viele Gründe dafür, das Bezugsrecht hieher zu rechnen. Die Bestimmung der Aktie — vom wirtschaftlichen Standpunkt aus gesehen — ist doch im allgemeinen nur die, dem Aktionär einen Gewinn zu verschaffen. In der Regel ist die Spekulation auf einen Gewinn die einzige Ursache, die zum Erwerb der Mitgliedschaft in einer Aktiengesellschaft veranlaßt. Nun wäre es aber verfehlt, zu glauben, der Gewinn bei Aktien käme nur in der Dividende zum Ausdruck. Wer eine Aktie erwirbt, tut das mit dem Gedanken, die Gesellschaft werde günstige Abschlüsse erzielen, und es liegt in der Natur der Sache, daß eine Gesellschaft, die mit günstigen Resultaten arbeitet, sich vergrößern muß, daß sie ihr Grundkapital erhöhen muß. Dieser Fall ist von dem Aktionär mitvorausgesehen: Er will von allen Vorgängen in der Aktiengesellschaft profitieren, so auch von einer Grundkapitalserhöhung. Das Bezugsrecht, das ja, wie wir gesehen haben, einen wirtschaftlichen Wert repräsentiert, ist nicht ein zufälliger, sondern ein mehr oder minder planmäßig erwarteter Gewinn.[4]) Keineswegs gehört

---

[3]) Lehmann Bd. 2 S. 65.

[4]) Ähnlich Meili bei Holdheim Bd. IX, 1900, S. 4ff., der auch sehr treffend darlegt, warum Kursgewinne, auf die der Aktionär doch selbstver-

zum Fruchtbegriff, daß der Ertrag ein regelmäßiger oder auch nur öfter wiederkehrender sein muß. Somit erscheint es von diesem Gesichtspunkt aus wohl gerechtfertigt, das Bezugsrecht als einen Ertrag des Aktienrechts zu bezeichnen, den dasselbe bestimmungsgemäß abwirft, also eine Frucht des Aktienrechts. Es ist allerdings nicht zu verkennen, daß man unter einem veränderten Gesichtspunkt auch zur entgegengesetzten Auffassung gelangen kann. Betrachtet man nämlich den „bestimmungsmäßigen Ertrag", wie er nach § 99 Abs. 2 BGB. zum Begriff der Rechtsfrucht gehört, nicht vom wirtschaftlichen, sondern vom rein juristischen Standpunkt aus, so muß man allerdings sagen, es sei nicht die Bestimmung der Aktie, Bezugsrechte zu gewähren.[5]) Aber es ist doch wohl richtiger, hier, wo es sich um die Begriffsbestimmung einer wirtschaftlichen Tatsache, nämlich des „Ertrags" handelt, den wirtschaftlichen Standpunkt als Grundlage zu nehmen.

Das Bezugsrecht könnte sich aber noch unter einem anderen Gesichtspunkt als Nutzung des Aktienrechts darstellen. Wie wir oben gesehen haben, sind unter den Nutzungen nicht bloß die Früchte eines Rechts, sondern auch die Vorteile, welche der Gebrauch des Rechts gewährt, zu verstehen (§ 100 BGB.). Es ist nun eine der ungeklärtesten Fragen des bürgerlichen Rechts überhaupt, was unter diesen Vorteilen, welche der Gebrauch eines Rechts gewähren kann, eigentlich zu verstehen ist. Die wenigen Kommentatoren, die die Frage streifen, nehmen an, ein solcher Vorteil könne nur dann gegeben sein, wenn das Recht, das die Nutzung gewähren soll, zum Gebrauch einer Sache berechtige.[6]) Es ist aber gar nicht zu ersehen, warum unter Gebrauch nur der körperliche Gebrauch verstanden werden kann. Das Gesetz verwendet das Wort „Gebrauch" offensichtlich nur im Gegensatz zum „Verbrauch". Gerade beim Aktienrecht zeigt sich, daß der „Gebrauch" desselben auch in der Vornahme von Rechtshandlungen bestehen kann; wenn der Aktionär das für ihn bestehende Bezugsrecht ausübt, so dürfte es sehr wohl angängig sein, dies als einen Gebrauch seiner Rechtsstellung als Aktionär zu bezeichnen. Dieser Gebrauch gewährt dem Aktionär einen wirtschaftlichen Vorteil. Somit läßt es sich wohl rechtfertigen, das Bezugsrecht als einen Gebrauchsvorteil des

---

ständlich auch spekuliert und die daher eigentlich auch zu den Nutzungen der Aktie gehören, nicht dem Nießbraucher zustehen.

[5]) So Hacker, „Der Nießbrauch von Prämienpapieren, Aktien und Urheberrechten", S. 70, d.

[6]) So z. B. Staudinger, Anm. 2 zu § 100 BGB. — BGB., Kommentar von Reichsgerichtsräten, Anm. 5 zu § 100 BGB.

Aktienrechts zu bezeichnen und es auch deshalb unter die Nutzungen einzureihen.

Da somit die überwiegenden Gründe dafür sprechen, das Bezugsrecht als eine Nutzung des Aktienrechts zu bezeichnen, so ist das Resultat: Beim Bestehen eines Nießbrauchs an der Aktie steht im Zweifel das Bezugsrecht dem Nießbraucher zu.[7]) Selbstverständlich steht dem Nießbraucher das Bezugsrecht nicht etwa in der Weise zu, daß er befugt wäre, zwar über das Bezugsrecht maßgebende Bestimmungen zu treffen, daß aber, falls er das Bezugsrecht ausübt, die neuen Aktien dem Eigentümer der alten Aktien zufielen,[8]) sondern da das Bezugsrecht einen Anspruch auf Erwerb der Mitgliedschaft darstellt, muß derjenige, der bezugsberechtigt ist, auch Eigentümer der neuen Aktien werden. Andererseits hat er die Pflicht zur Zeichnung und Bezahlung der neuen Aktien in dem Umfang, in dem er das Bezugsrecht ausgeübt hat.[9])

Ein Nießbrauch kann auch an dem Bezugsrecht allein bestellt werden, insoweit dieses übertragbar ist (§ 1069 Abs. 2 BGB.). Hiefür gelten dann die Vorschriften der §§ 1074, 1075 BGB.: Der Nießbraucher ist zur Geltendmachung des Bezugsrechts berechtigt; denn die „Stellung des Verlangens" gegenüber der Gesellschaft kann man als Kündigung im Sinne des § 1074 BGB. auffassen. Weiter ist er zur ordnungsgemäßen Einziehung der neuen Aktien berechtigt, aber auch verpflichtet. Mit der Einziehung erwirbt der Eigentümer der alten Aktien auch das Eigentum an den neuen Aktien, der Nießbraucher nur den Nießbrauch an ihnen. (§ 1075 Abs. 1 BGB.) Daraus folgt, daß zur Bezahlung der neuen Aktien ebenfalls der Eigentümer der alten Aktien verpflichtet ist. Dies bezieht sich aber nur auf das interne

---

[7]) Ebenso Meili a. a. O.; Planck, Anm. 2 zu § 1081 BGB.; Ritter, Anm. 1 zu § 282. — Anderer Ansicht: Staub, Anm. 11 zu § 282; Brand, Anm. 3a zu § 282; Lehmann Bd. II S. 66; Ritter, „Die allgemeinen Lehren des Handelsrechts", S. 147. — Wenn gegen das Resultat, das Bezugsrecht müsse dem Nießbraucher zustehen, der Einwand erhoben wird, durch Ausübung des Bezugsrechts sinke der Kurswert der Aktie, so daß der Aktionär geschädigt werde, so ist dem entgegenzuhalten, daß auch nach Abhebung der fälligen Dividende der Kurswert der Aktien regelmäßig sinkt und daß die Dividende dem Nießbraucher zusteht, wird wohl von niemand bestritten. Auch ein Acker, der abgeerntet wird, sinkt im Wert um den Betrag, den die Ernte wert ist! Durch alle diese Wertminderungen wird aber die salva substantia rei, wie sie der Nießbrauch verlangt, nicht berührt. Ganz anders in den unten (S. 61 f. und S. 72 f.) zu behandelnden Fällen.

[8]) Diese eigentümliche Meinung scheint Hacker a. a. O. zu vertreten.

[9]) Oben, Kap. V S. 38 f.

Verhältnis zwischen Nießbraucher und Eigentümer. Im Verhältnis zur Gesellschaft ist derjenige, der das Bezugsrecht geltend gemacht hat, auch zur Bezahlung verpflichtet, also regelmäßig der Nießbraucher. Zur wirksameren Geltendmachung seines Regresses kann er sich, falls dieser die Herausgabe der neuen Aktien verlangt, des Zurückbehaltungsrechts nach §§ 273, 274 BGB. bedienen. —

Im ehelichen Güterrecht nimmt das Bezugsrecht folgende Stellung ein:

Beim ordentlichen gesetzlichen Güterrecht ist der Fall zu betrachten, daß zu dem eingebrachten Gut der Frau Aktien gehören, die das Bezugsrecht gewähren. In diesem Fall erwirbt nach § 1383 BGB. der Mann die Nutzungen des eingebrachten Gutes in derselben Weise und in demselben Umfange wie ein Nießbraucher. Nach dem eben Gesagten steht also ihm in diesem Fall das Bezugsrecht zu. Aber ein Unterschied besteht hier doch gegenüber dem Nießbraucher. Während es dem letzteren ganz überlassen bleibt, ob er die Nutzungen ziehen will oder nicht und es ihm im allgemeinen nur verboten ist, den Regeln einer ordnungsmäßigen Wirtschaft zuwider übermäßige Früchte zu ziehen, ist der Mann beim ordentlichen gesetzlichen Güterrecht nach § 1374 BGB. zu einer ordnungsmäßigen Verwaltung des eingebrachten Gutes verpflichtet. Daraus ist also die Pflicht abzuleiten, das Bezugsrecht in jedem Falle zu verwerten, sei es durch Ausübung, sei es durch Verkauf. Das Gesetz will den Mann zwingen, die Nutzungen des eingebrachten Gutes insoweit zu ziehen, als dies einer ordnungsmäßigen Verwaltung entspricht, denn wenn diese Nutzungen nach § 1383 BGB. primär auch ihm allein zufallen, so kommt dies doch indirekt auch wieder der Vermögenslage der ehelichen Gemeinschaft im ganzen zu statten.

Die Frau bedarf, wenn ein Bezugsrecht zu ihrem eingebrachten Gut gehört, sowohl zu seiner Geltendmachung, als auch zu einer Veräußerung der Zustimmung des Mannes. Dies ergibt sich aus § 1395 BGB., welcher Paragraph Verfügungen der Frau über ihr eingebrachtes Gut ohne die Zustimmung des Mannes verbietet. Unter Verfügungen versteht die Theorie im allgemeinen jedes Rechtsgeschäft, dessen Einwirkung auf eine Sache oder ein Recht unmittelbar gerichtet ist;[10]) da die Geltendmachung und die Veräußerung des Bezugsrechts das Bezugsrecht unmittelbar berühren würden, fallen diese unter die Verfügungen des § 1395 BGB. Die Wirkung einer ohne Einwilligung des Mannes vor-

[10]) Staudinger, Anm. 3a zu § 1375; Dernburg, „Das Bürgerliche Recht", Bd. I S. 342.

genommenen Verfügung ist verschieden, je nachdem die Verfügung, Geltendmachung oder Veräußerung des Bezugsrechts war. Letztere ist ein zweiseitiges Rechtsgeschäft und es treten daher die Wirkungen von §§ 1396, 1397 BGB. ein, insbesondere kann die Unwirksamkeit nach § 1396 durch nachträgliche Genehmigung des Mannes geheilt werden. Die Geltendmachung des Bezugsrechts dagegen ist ein einseitiges Rechtsgeschäft; daß dasselbe empfangsbedürftig ist, ändert nichts an diesem Rechtscharakter;[11]) daher ist die ohne Zustimmung des Mannes erfolgte Geltendmachung des Bezugsrechts nach § 1398 BGB. unwirksam. Ja sogar trotz der Einwilligung des Mannes kann die Geltendmachung unwirksam sein, wenn die Frau die Einwilligungserklärung nicht in schriftlicher Form vorlegt und die Organe der Aktiengesellschaft die Geltendmachung aus diesem Grunde unverzüglich zurückweisen. Vgl. §§ 182 Abs. 3 im Zusammenhang mit 111 Satz 2 BGB. Davon würde nur nach § 111 Satz 3 BGB. eine Ausnahme gelten. Die erwähnte Zustimmung des Mannes kann übrigens nach § 1402 BGB. durch das Vormundschaftsgericht ersetzt werden. — Wenn die Frau mit Zustimmung des Mannes ein Erwerbsgeschäft selbständig betreibt, so fallen die genannten Beschränkungen, für den Fall der Geschäftsbetrieb Geltendmachung oder Veräußerung des Bezugsrechts mit sich bringt, fort. Vgl. § 1405 BGB.

Wenn bei einer allgemeinen Gütergemeinschaft zum Gesamtgut (§ 1438 BGB.) Aktien gehören, die ein Bezugsrecht gewähren, so ist der Mann nach § 1443 Abs. 1 BGB. berechtigt, über das Bezugsrecht zu verfügen. Nur für die Verschenkung des Bezugsrechts bedürfte er der Einwilligung der Frau. §§ 1446 in Zusammenhang mit 1448 BGB. Die Frau kann über das Bezugsrecht grundsätzlich nicht verfügen.[12]) Ausnahmen könnten nur gelten nach §§ 1450, 1452.

Bei der fortgesetzten Gütergemeinschaft tritt in entsprechender Weise der überlebende Ehegatte an Stelle des Mannes (§ 1487 BGB.) mit der Maßgabe, daß die Abkömmlinge niemals ein Verfügungsrecht haben können: Die §§ 1450 bis 1454 BGB. sind auf die fortgesetzte Gütergemeinschaft nach § 1487 Abs. 1 BGB. nicht anwendbar.

Bei der Errungenschaftsgemeinschaft finden, sofern Bezugsrechte zum Gesamtgut gehören, dieselben Regeln Anwendung, wie bei der allgemeinen Gütergemeinschaft (§ 1519 Abs. 2

[11]) Staudinger, Anm. 2a zu § 1398.
[12]) Staudinger, Anm. 4b zu § 1443.

BGB.); gehören Aktien zum eingebrachten Gut eines Gatten, so gehören die daraus entstehenden Bezugsrechte zum Gesamtgut nach § 1525 Abs. 1 BGB., insofern man die oben vertretene Ansicht teilt, daß das Bezugsrecht eine Nutzung der Aktie darstellt.

Bei der Fahrnisgemeinschaft finden auf die zum Gesamtgut etwa gehörigen Bezugsrechte die Regeln über das Gesamtgut bei der allgemeinen Gütergemeinschaft Anwendung, § 1549 BGB.; gehören Bezugsrechte zum eingebrachten Gut eines Gatten, so finden die Regeln über das eingebrachte Gut bei der Errungenschaftsgemeinschaft Anwendung. § 1550 Abs. 2 BGB. —

Wenn zum Vermögen eines Kindes, das in elterlicher Gewalt steht, Aktien gehören, so erwirbt die daraus entstehenden Bezugsrechte der Vater wie ein Nießbraucher (vgl. § 1652 BGB.), insoweit das Kindesvermögen überhaupt der Nutznießung des Vaters untersteht (§ 1651 BGB.); eventuell kann die Nutznießung auch der Mutter zustehen nach § 1685 Abs. 2 BGB. —

Wenn an Aktien ein Pfandrecht besteht, so steht das Bezugsrecht im Zweifel dem Eigentümer der Aktie und nicht dem Pfandgläubiger zu; aus folgenden Gründen: das Pfandrecht an Aktien ist ein Rechtspfandrecht und auf dieses finden nach § 1273 Abs. 2 BGB. die Vorschriften über das Sachpfandrecht Anwendung; beim Sachpfandrecht stehen die Nutzungen im Zweifel dem Eigentümer der Pfandsache zu. Es ergibt sich dies e contrario aus § 1213 Abs. 1 BGB., wonach es besonderer Vereinbarung bedürfte, wenn die Nutzungen dem Pfandgläubiger zustehen sollten. Demnach könnte auch an Aktien ein Nutzungspfandrecht bestellt werden und dann stünde das Bezugsrecht, da es unter die Nutzungen zu rechnen ist, dem Pfandgläubiger zu. Stets aber ist dazu besondere Vereinbarung nötig, eine antichresis tatica gibt es beim Rechtspfandrecht nicht, wobei es aber, selbst wenn die Anwendung des § 1213 Abs. 2 BGB. auf das Rechtspfandrecht nicht durch die Vorschrift des § 1273 Abs. 2 BGB. ausdrücklich ausgeschlossen wäre, immer noch sehr zweifelhaft bliebe, ob man die Aktie als ein von Natur fruchttragendes Recht bezeichnen wollte. — Wenn der Pfandgläubiger zufolge der erwähnten besonderen Vereinbarung nutzungs- also auch bezugsberechtigt ist, so ist er verpflichtet, für die Gewinnung der Nutzungen Sorge zu tragen und Rechenschaft abzulegen, § 1214 Abs. 1 BGB. Der Reinertrag, der sich gewöhnlich mit dem „rechnerischen Wert des Bezugsrechts"[13]) ungefähr decken wird, ist auf die geschuldete Leistung, zunächst auf Zinsen

[13]) Oben Kap. III S. 19.

und Kosten anzurechnen, § 1214 Abs. 2 BGB. Abweichende Bestimmungen sind aber nach § 1214 Abs. 3 zulässig.

Ein Pfandrecht kann auch an dem Bezugsrecht allein (ohne Verpfändung der Aktie) bestellt werden. Hiefür gilt dann § 1274 Abs. 2 BGB., wonach ein Pfandrecht nur soweit bestellt werden kann, als das zu verpfändende Recht übertragbar ist. Inwieweit das Bezugsrecht übertragbar ist, wurde schon dargelegt.[14]) Wird das Bezugsrecht verpfändet, so finden darauf Anwendung die Bestimmungen der §§ 1280 bis 1287, 1290 BGB. Insbesondere ist wichtig, daß an den nach Geltendmachung des Bezugsrechts geleisteten neuen Aktien nach § 1287 BGB. der Aktionär das Eigentum, der Pfandgläubiger aber ein Pfandrecht daran erwirbt. Daraus folgt, daß auch die Pflicht zur Bezahlung (eventuell zur Ausstellung eines Zeichnungsscheins) Sache des Verpfänders des Bezugsrechts ist. An Stelle der in den §§ 1283, 1286 BGB. erwähnten Kündigung von seiten des Gläubigers bzw. Pfandgläubigers tritt beim Bezugsrecht die Geltendmachung desselben durch „Stellung des Verlangens", die ja einen kündigungsähnlichen Charakter hat. —

Bei Termingeschäften über Wertpapiere ist es in der Regel eine ausdrückliche oder stillschweigende Vereinbarung, daß die Nutzungen des verkauften Wertpapieres entgegen der dispositiven Vorschrift des § 446 BGB. schon vom Vertragsabschluß an dem Käufer gebühren. Angewendet auf das Bezugsrecht heißt das: Wenn Aktien der Gegenstand eines Termingeschäftes sind, so steht ein während der Dauer des Vertrags auf die Aktien entfallendes Bezugsrecht dem Käufer der Aktien zu.[15]) Der Verkäufer ist verpflichtet, alles erforderliche zu tun, um dem Käufer die Ausübung des Bezugsrechts zu ermöglichen, bzw. er kann es als Stellvertreter des Käufers selbst ausüben. Der Käufer seinerseits ist verpflichtet, dem Verkäufer eine rechtzeitige Mitteilung darüber zugehen zu lassen, ob er von dem Bezugsrecht Gebrauch machen will oder nicht. Wann eine Mitteilung noch als rechtzeitig zu gelten hat, die Art und Weise der Mitteilung, sowie die Modalitäten der Ausübung des Bezugsrechts in solchen Fällen ist durch Usancen geregelt. Vielfach ist es auch üblich, daß das Bezugsrecht in solchen Fällen nur durch Anrechnung auf den Preis der Aktien berücksichtigt wird, so daß der Käufer also von dem vereinbarten

---

[14]) Oben Kap. I S. 10ff.

[15]) Vgl. „Bedingungen für die Geschäfte an der Berliner Fondsbörse", § 28 in Salings Börsenpapiere, Bd. I S. 633.

Kaufpreis den börsenmäßigen Wert des Bezugsrechts abzuziehen berechtigt ist.[16]) —

Im Zwangsvollstreckungsrecht nimmt das Bezugsrecht folgende Stellung ein: Wenn zu dem Vermögen, in das die Zwangsvollstreckung erfolgen soll, Bezugsrechte gehören, so fragt es sich, ob diese der Zwangsvollstreckung unterliegen. Das Bezugsrecht ist ein Forderungsrecht, gerichtet auf den Erwerb von Mitgliedschaftsrechten. Es ist daher der § 857 ZPO. anzuwenden, der von der Zwangsvollstreckung in „andere Vermögensrechte" (im Gegensatz zur Zwangsvollstreckung in Geldforderungen und zur Zwangsvollstreckung in körperliche Sachen) spricht.[17]) Nach dem Abs. 1 dieses Paragraphen finden auf die Zwangsvollstreckung in diese Vermögensrechte die Bestimmungen über die Zwangsvollstreckung in Geldforderungen und in Forderungen auf Leistung körperlicher Sachen, also die §§ 828—856 ZPO.[18]) entsprechende Anwendung. Die für das Bezugsrecht speziell wichtigsten Konsequenzen sind folgende: Das Bezugsrecht ist nur insoweit pfändbar, als es übertragbar ist nach § 851 Abs. 1 ZPO., der anzuwenden ist.[19]) Die im ersten Kapitel dargestellten Grenzen der Veräußerlichkeit des Bezugsrechts bilden auch die Grenzen seiner Pfändbarkeit, so daß bei Namensaktien zur Pfändung des Bezugsrechts die Zustimmung der Gesellschaft einzuholen ist, bei Inhaberaktien dagegen ist das Bezugsrecht ohne weiteres pfändbar. Das Verfahren geht nun in der Weise vor sich, daß nach § 829 ZPO. die Aktiengesellschaft durch das Vollstreckungsgericht von der Pfändung des Bezugsrechts benachrichtigt wird und ihr verboten wird, die neuen Aktien an den Schuldner zu liefern. Dem Schuldner wird geboten, sich jeder Verfügung über das Bezugsrecht, insbesondere der Einziehung der neuen Aktien zu enthalten. Damit ist die Pfändung des Bezugsrechts vollzogen. Wie wird nun das gepfändete Bezugsrecht für den Gläubiger zur Befriedigung verwertet? Die Verwertung geschieht dadurch, daß das gepfändete Bezugsrecht dem Vollstreckungsgläubiger nach § 835 ZPO. überwiesen wird, und zwar nach seiner Wahl, entweder zur Einziehung (so daß der Schuldner Eigentümer der neuen Aktien wird und der Gläubiger nur die Einziehung vorzunehmen hat), oder an Zahlungs Statt (so daß der Gläubiger

[16]) Vgl. a. a. O. § 22 bei Saling Bd. I S. 630. Ferner Schütz, „Handbuch f. d. Bankverkehr" S. 185.

[17]) Die selbständige Pfändbarkeit des Bezugsrechts bejaht auch Stein, ZPO. Anm. II 7 zu § 857.

[18]) Stein, ZPO. Anm. I zu § 857, Anm. III zu § 857.

[19]) Stein, Anm. I 5 zu § 857. Vgl. auch Staub, Anm. 3 zu § 222.

vollständig an Stelle des Schuldners als Bezugsberechtigter tritt). Diese Überweisung wird sich nun aber praktisch gewöhnlich schwierig gestalten, aus dem Grund, weil aus dem Bezugsrecht immer die Pflicht zur Bezahlung der neuen Aktien resultiert, und weil dann die Berechnung, inwieweit der Gläubiger durch den billigen Bezug der neuen Aktien einen Vermögenswert erhalten hat, der zur Befriedigung seiner Forderung an den Schuldner dienen soll, sehr schwierig ist und zu Streitigkeiten den Anlaß bieten wird. Daher wird praktisch gewöhnlich wohl von der Vorschrift des § 844 ZPO. Gebrauch gemacht werden, wonach, wenn die gepfändete Forderung von einer Gegenleistung abhängig ist (was beim geltendgemachten Bezugsrecht ja der Fall ist) das Gericht auf Antrag (des Schuldners oder des Gläubigers) eine andere Art der Verwertung anordnen kann. Die für das Bezugsrecht natürliche andere Art der Verwertung ist ganz einfach der Verkauf des Bezugsrechts an der Börse zum Börsenkurse. Dieser Verkauf, sowie die sonstige Veräußerung des Bezugsrechts (nicht aber eine andere außerordentliche Verwertungsart) kann übrigens nach § 857 Abs. 5 ZPO. auch durch das Gericht von Amts wegen ohne Antrag der Parteien angeordnet werden.

Die Pfändung von Aktien rechnet die ZPO. zur Pfändung von körperlichen Sachen,[20]) obwohl die Aktien eigentlich begrifflich unter die „sonstigen Vermögensrechte“ des § 857 fallen würden. Für ihre Pfändung gibt § 821 ZPO. die Vorschrift, daß ihre Verwertung durch Verkauf zum Tageskurse, eventuell durch Versteigerung zu erfolgen hat. Sind nun mit solchen gepfändeten Aktien Bezugsrechte verbunden, (also keine selbständige Pfändung des Bezugsrechts!), so teilt das Bezugsrecht das Schicksal der Aktie, d. h. die Tatsache, daß mit der Aktie ein Bezugsrecht verbunden ist, ist durch die Höhe des erzielten Preises für die Aktie mitberücksichtigt. Gewöhnlich wird der Kurs für solche Aktien den gewöhnlichen Kurs der Aktien übersteigen. Durch Verkauf zu diesem erhöhten Preis wird das mit der Aktie verbundene Bezugsrecht verwertet. —

Es ist weiter die Stellung des Bezugsrechts im Konkurse zu betrachten:

Wird über das Vermögen des Bezugsberechtigten der Konkurs eröffnet, so gehören die ihm zustehenden Bezugsrechte zur Konkursmasse, insoweit diese Bezugsrechte der Zwangsvollstreckung unterliegen, § 1 Abs. 1 KO. Mit der Eröffnung

---

[20]) Stein, Anm. I zu § 821 ZPO.

des Konkurses verliert der Bezugsberechtigte nach § 6 KO. die Befugnis, über das Bezugsrecht zu verfügen. Das Verwaltungs- und Verfügungsrecht geht auf den Konkursverwalter über. Zufolge dieser allgemeinen Verfügungsmacht kann der Konkursverwalter von der Aktiengesellschaft die volle Zahl der Aktien verlangen, zu denen das Bezugsrecht berechtigte.[21]) Die daraus entstehende Verpflichtung der Konkursmasse zur Bezahlung der neuen Aktien ist nach § 59 Ziff. 1 KO. Masseschuld und daher nach § 57 KO. vorweg aus der Konkursmasse zu befriedigen. Eventuell tritt die verhältnismäßige Befriedigung nach § 60 KO. ein. Die auf Grund des ausgeübten Bezugsrechts erhaltenen neuen Aktien hat der Konkursverwalter nach § 117 Abs. 1 KO. in Besitz und Verwaltung zu nehmen und zu verwerten. Die Art der Verwertung hat der Konkursverwalter, da das Gesetz nichts darüber vorschreibt,[22]) nach seinem pflichtmäßigen Ermessen vorzunehmen, er kann das Bezugsrecht ausüben oder durch Verkauf verwerten. Letzteres wird im allgemeinen wohl der angemessenere und praktischere Weg sein.

Wenn der Gemeinschuldner vor Eröffnung des Konkursverfahrens ein ihm zustehendes Bezugsrecht gegenüber der Gesellschaft durch Stellung des Verlangens geltend gemacht hat, so ist ihm daraus ein reines Gläubigerrecht auf Bezug der neuen Aktien gegen Bezahlung derselben erwachsen. Es ist aber nicht etwa daraus ein gegenseitiges Vertragsverhältnis zwischen ihm und der Gesellschaft entstanden,[23]) wie dies schon dargelegt wurde. Deshalb ist der § 17 KO. hier nicht anwendbar. Sondern der Fall liegt folgendermaßen: Der Konkursverwalter kann wieder gemäß § 6 KO. die Einziehung der neuen Aktien betreiben, oder das Bezugsrecht durch Verkauf verwerten. Wenn der Konkursverwalter auf der Auslieferung der neuen Aktien ausdrücklich besteht, so ist daraus gemäß § 59 Ziff. 1 KO. wieder eine Masseschuld entstanden, die vorweg zu berichtigen ist. Falls also der Konkursverwalter die genannten Schritte tut, liegt der Fall nicht anders, als der zuerst betrachtete, in welchem das Bezugsrecht vom Gemeinschuldner noch nicht geltend gemacht war. Es ist aber auch denkbar, daß der Konkursverwalter weder das eine noch das andere tut, sondern es einfach bei der durch den Gemeinschuldner vorgenommenen Geltendmachung des Bezugsrechts bewenden läßt. Dann läuft die

---

[21]) Vgl. Jaeger, KO. Anm. 5 zu § 17.
[22]) Jaeger, Anm. 17 zu § 117.
[23]) Oben Kap. V S. 41.

Gesellschaft Gefahr, die neuen Aktien ausliefern zu müssen, hingegen nur einen verhältnismäßigen Teil des Kaufpreises der Aktien als Einlage zu erhalten. In diesem Fall bleibt ihr das Hilfsmittel des § 219 HGB., d. h. sie kann unter Beobachtung des im genannten Paragraphen vorgeschriebenen Verfahrens den Gemeinschuldner seines Aktienrechts (soweit sich dies auf die neuen Aktien gründet) verlustig erklären und kann an Stelle der ihm zugeteilten jungen Aktien neue Aktien in der in § 220 HGB. vorgesehenen Art und Weise ausgeben. Trotzdem bleibt ihr für einen eventuell noch erlittenen Ausfall der Gemeinschuldner verhaftet (§ 219 Abs. 4 Satz 2 HGB.) und sie kann diesen Ausfall als Konkursforderung anmelden (§§ 61—70 KO.). Die gewöhnlichen Vorschriften über Verteilung und Zwangsvergleich finden dann Anwendung.[24]) — Innerhalb der nach § 219 HGB. dem Gemeinschuldner zu setzenden Frist für die Nachzahlung des noch nicht geleisteten Teiles der Einlage hat übrigens der Konkursverwalter immer noch das Recht, sich für die Einzahlung zu entschließen und so die Kaduzierung der jungen Aktien zu vermeiden. Der Gemeinschuldner selbst hat dieses Recht nicht: § 6 KO.

Was die Stellung des Bezugsrechts im Konkurs der Aktiengesellschaft betrifft, so ist vorauszuschicken, daß die Konkurseröffnung über das Vermögen der Aktiengesellschaft einen der Auflösungsgründe der Aktiengesellschaft bildet. § 292 Abs. 1 Ziff. 3 HGB. Wenn daher zur Zeit der Konkurseröffnung die Durchführung des Kapitalserhöhungsbeschlusses rechtlich noch nicht erledigt ist — und das ist solange nicht der Fall, als dieselbe noch nicht ins Handelsregister eingetragen ist; § 284 HGB. —, so wird dieser einfach hinfällig, da die Ausführung des Beschlusses eine produktive Tätigkeit der Aktiengesellschaft darstellt, die dem Konkurszweck zuwiderläuft. Aus demselben Grund kann natürlich auch nicht nach der Konkurseröffnung ein Beschluß auf Erhöhung des Grundkapitals erst gefaßt werden. In diesen beiden Fällen wäre also ein den Aktionären im Kapitalserhöhungsbeschluß eingeräumtes Bezugsrecht ebenfalls hinfällig. Wäre aber zur Zeit der Konkurseröffnung die Erhöhung des Grundkapitals rechtlich bereits abgeschlossen gewesen, was mit der Eintragung ins Handelsregister nach § 284 HGB. geschehen ist, so muß dieselbe durch Ausgabe der neuen Aktien praktisch auch durchgeführt werden. Denn nach § 1 KO. umfaßt das Konkursverfahren das gesamte Vermögen des

---

[24]) Vgl. zu diesen ganzen Darlegungen Jaeger, Anm. 4 und 5 zu § 17; Staub, Anm. 15 zu § 218.

Gemeinschuldners, welches ihm zur Zeit der Konkurseröffnung gehört. Dazu ist bei einer Aktiengesellschaft auch das durch den Kapitalserhöhungsbeschluß hinzugekommene neue Grundkapital zu rechnen und es ist dabei ganz gleichgültig, ob die Einlagen auf dies neue Grundkapital bereits tatsächlich schon eingezahlt worden waren oder nicht, sofern nur der Anspruch der Gesellschaft auf Leistung der Einlagen gegen die Zeichner durch die erfolgte Eintragung des Kapitalserhöhungsbeschlusses bereits ein definitiver geworden war. Es kann hier ein Bezugsrecht der Aktionäre noch vorliegen, soferne Zeichner ein Emissionskonsortium gewesen war;[25]) dieses Bezugsrecht der Aktionäre bleibt dann bestehen; natürlich ist es freier Wille des Aktionärs, ob er sein Bezugsrecht geltend machen will; hat er es aber schon vor Konkurseröffnung geltend gemacht, so bleibt er daran gebunden. Er ist nach der Geltendmachung verpflichtet, auf Verlangen der Gesellschaft bzw. des Konkursverwalters die von ihm auf Grund seines Bezugsrechts beanspruchte Zahl von Aktien zu beziehen und zu bezahlen. Dadurch erwirbt er die entsprechende Zahl von Mitgliedschaftsrechten in der Aktiengesellschaft. Die darüber auszustellenden Aktienurkunden sind, da sie zum Beweis seiner mitgliedschaftlichen Stellung dienen, sein Eigentum und er kann sie daher nach den Regeln über die Aussonderung (§§ 43, 46 KO.) von der Aktiengesellschaft verlangen.[26]) —

Ganz anders liegt es, wenn die Aktiengesellschaft aus anderen Gründen, also nicht durch Eröffnung eines Konkursverfahrens, aufgelöst wird (§ 292 HGB.). In diesem Fall findet nach § 294 Abs. 1 das Liquidationsverfahren statt, das von dem Verfahren beim Konkurs gänzlich verschieden ist. Grundlegende Bestimmung ist hier der § 294 Abs. 2 HGB., wonach bis zur Beendigung der Liquidation dieselben Vorschriften Anwendung finden, die beim Bestehen der Aktiengesellschaft gelten, soweit sich nicht aus dem Liquidationszweck ein anderes ergibt. Für die Frage der Stellung des Bezugsrechts im Liquidationsverfahren ist also die Beantwortung der Vorfrage wesentlich, ob eine Grundkapitalserhöhung dem Liquidationszweck der Aktiengesellschaft widerspricht, oder ob sie im Liquidationsstadium noch zulässig ist. Die herrschende Ansicht ging früher dahin, diese Frage unbedingt im ersteren Sinn zu beantworten, eine Grundkapitalserhöhung für das Liquidationsstadium also abzulehnen. Es mehrt sich aber neuerdings die Zahl derer, die eine Erhöhung des Grundkapitals als

---

[25]) Vgl. oben S. 37 Anm. 15.

[26]) Jaeger, Anm. 6 zu § 17; Staub, Anm. 15 zu § 218.

unter Umständen für den Liquidationszweck nützlich und sogar notwendig halten. Namentlich die Ausführungen Staubs haben diese Möglichkeit überzeugend dargelegt.[27]) Wenn man also voraussetzt, daß die Ausgabe neuer Aktien während der Liquidation noch zulässig ist, so bleiben die durch den Kapitalserhöhungsbeschluß begründeten Bezugsrechte gänzlich unberührt, gleichgültig, ob dieser Kapitalserhöhungsbeschluß vor oder nach Eintritt des Liquidationsstadiums gefaßt wurde. Möglich ist es allerdings auch, daß nach eingetretener Liquidation die beschlossene Kapitalserhöhung nicht zustande kommt. Jedoch ist dazu ein Generalversammlungsbeschluß nötig, der das Unterbleiben der Kapitalserhöhung ausdrücklich festsetzt; fehlt es an einem solchen, so sind Vorstand, Aufsichtsrat und Liquidatoren verpflichtet, die Kapitalserhöhung durchzuführen. Über die Zulässigkeit eines solchen Beschlusses, der die Kapitalserhöhung rückgängig macht, wurde schon gesprochen.[28]) Wenn ein solcher Beschluß gefaßt wurde, so sind die durch den ersten Beschluß eingeräumten Bezugsrechte selbstverständlich hinfällig.

VII. Kapitel.

Das Bezugsrecht bei gewissen besonderen Arten der Aktienausgabe.

Es ist in diesem Kapitel zu untersuchen, wie sich das Bezugsrecht gestaltet, wenn die Kapitalserhöhung auf einem von der Regel abweichenden Wege vor sich geht.

Zunächst ist hier der Fall der Grundkapitalserhöhung durch Fusion zu betrachten. Der Fall der Fusion liegt dann vor, wenn eine Aktiengesellschaft das Vermögen einer anderen Aktiengesellschaft als Ganzes übernimmt „gegen Gewährung von Aktien der übernehmenden Gesellschaft". Die Aktionäre der ihr Vermögen übertragenden Gesellschaft erhalten also Aktien der übernehmenden Gesellschaft an Stelle ihrer bisheriger Aktien. Die übernehmende Gesellschaft muß zu diesem Zweck neue Aktien ausgeben und somit eine Erhöhung ihres Grundkapitals vornehmen. Es liegt auf der Hand, daß sie diese neuen Aktien nicht ihren bisherigen Aktionären als solchen gewähren kann, da dies dem Zweck

---

[27]) Staub-Hachenburg, „Kommentar zum GmbHG.", Anm. 38 und 39 zu § 269. Ebenso Staub, Anm. 11 zu § 294; Pinner, Anm. IV zu § 292; Brand, Anm. 2c zu § 294. — Dagegen: Makower, Anm. II d 2 zu § 294; Lehmann-Ring, Nr. 3 zu § 294; Ritter, Anm. 4 zu § 294; Lehmann Bd. II S. 558.

[28]) Oben Kap. V S. 43.

der Fusion zuwiderlaufen würde. Der Gesetzgeber hat diese Folgerung ausdrücklich ausgesprochen, indem er in § 305 Abs. 1 HGB. bestimmt, daß im Fall der Fusion die Vorschriften der §§ 282 und 283 Abs. 1 HGB. außer Anwendung zu bleiben haben. Das heißt also: Den Aktionären der übernehmenden Gesellschaft steht in diesem Fall der Kapitalserhöhung kein gesetzliches Bezugsrecht auf die neuauszugebenden Aktien zu, den Aktionären der übertragenden Gesellschaft kann in dem Kapitalserhöhungsbeschluß ein Bezugsrecht zugesichert werden, ohne daß das Bezugsrecht der Aktionäre der übernehmenden Gesellschaft vorbehalten zu werden braucht. Unzulässig wäre nur eine den Aktionären der übertragenden Gesellschaft schon vor dem Kapitalserhöhungsbeschluß der übernehmenden Gesellschaft erteilte Bezugsrechtszusicherung, denn der § 283 Abs. 2 HGB. ist auch für den Fall der Fusion durch § 305 Abs. 1 HGB. für anwendbar erklärt. — Der Wegfall des Bezugsrechts gilt selbstverständlich auch für den Fall des § 306 HGB. (Fusion unter Ausschluß der Liquidation), denn dieser ist nur ein Spezialfall des § 305 und daher sind die Bestimmungen des letzteren Paragraphen anzuwenden, soweit dies nicht dem Sinne des § 306 widerspricht.[1])

Ähnlich verhält es sich, wenn bei der Erhöhung des Grundkapitals die neuen Aktien gegen Leistung von Sacheinlagen (sogen. Apports) gewährt werden. Davon handelt § 279 HGB., der zwei Fälle unterscheidet: Einmal den Fall der „eigentlichen Sacheinlagen".[2]) Die Gesellschaft gibt neue Aktien aus, setzt aber gleichzeitig unter Beobachtung der strengeren Vorschriften des § 279 im Kapitalserhöhungsbeschluß fest, daß die Einlage auf diese neuen Aktien nicht in Geld, sondern in sonstigen genau bezeichneten Gegenständen zu bestehen hat. — Dann der Fall der „uneigentlichen Sacheinlagen": die Gesellschaft erwirbt auf Grund eines Kapitalserhöhungsbeschlusses einen Gegenstand, für den sie eine Vergütung vereinbart. Gleichzeitig aber vereinbart sie mit dem Gegenkontrahenten, von dem sie den Gegenstand erwirbt, er müsse die auf Grund des Kapitalserhöhungsbeschlusses neu auszugebenden Aktien ganz oder zum Teile erwerben. Es stehen sich dann also gegenüber: Die Forderung der Gesellschaft auf die Bareinlage und auf den zu leistenden Gegenstand einerseits, die Forderung des Gegenkontrahenten auf die zu leistenden Aktien und auf die (bar) zu leistende Vergütung andererseits. Nun wird aber gleichzeitig vereinbart (immer auf Grund des vorhergegan-

---

[1]) Makower, Anm. III b zu § 306; Staub, Anm. 12 zu § 282.
[2]) Staub, Einleitende Anmerkung zu § 279.

genen Kapitalserhöhungsbeschlusses), daß die beiderseitigen Geldforderungen (also die Forderung der Gesellschaft auf die bare Einlage, die Forderung des Gegenkontrahenten auf die bare Vergütung), insoweit sie sich in gleicher Höhe gegenüberstehen, gegeneinander aufgerechnet werden sollen. Eine solche Vereinbarung ist nach dem Gesetz durchaus zulässig. Der § 221 HGB. erklärt nur die einseitige Aufrechnung von seiten eines Aktionärs mit einer Forderung, die er gegen die Gesellschaft hat, gegen die Einlageforderung der Gesellschaft für unzulässig. Dagegen ist die Aufrechnung mit Einwilligung der Gesellschaft nicht verboten und ebensowenig natürlich eine vertraglich schon vor Ausgabe der Aktien vereinbarte Aufrechnung.[3]) — Es wird also dann tatsächlich Gegenstand gegen Aktie ausgetauscht und eine Barzahlung kommt nur insoweit zustande, als sich die gegenseitigen baren Forderungen nicht in gleicher Höhe gegenüberstehen, insoweit also noch eine Differenz besteht zwischen dem Wert des Gegenstandes und dem Wert der Aktien. Somit liegt hier, genau betrachtet, eigentlich kein anderer Rechtsakt vor, als beim Fall der „eigentlichen Sacheinlagen": Es wird auf Aktien eine nicht bare Einlage geleistet.[4]) Selbstverständliche Voraussetzung des Ganzen ist, wie schon betont, daß dieser ganze Vorgang im Kapitalserhöhungsbeschluß festgesetzt wurde, unter Beobachtung der besonderen Vorschriften des § 279 HGB.

Es ist nun klar, daß ein Kapitalserhöhungsbeschluß, der derartiges festsetzt, das Bezugsrecht der Aktionäre insoweit stillschweigend ausschließt, als Aktien gegen Sacheinlage ausgegeben werden; denn es wäre ja ein juristischer Widerspruch und praktisch gänzlich undurchführbar, wenn der Kapitalserhöhungsbeschluß einerseits zuläßt, daß auf die neuen Aktien oder einen Teil derselben von einer ganz bestimmten Person ganz bestimmte Gegenstände mit einem ganz genau bestimmten Kaufswert (vgl. § 279 HGB.) geleistet werden sollen und wenn andererseits auf dieselben Aktien den Aktionären ein Bezugsrecht zustünde. Vielmehr ist ein derartiger Kapitalserhöhungsbeschluß so auszulegen, daß die Generalversammlung in demselben von dem ihr nach § 282 Abs. 1 HGB. zustehenden Recht Gebrauch gemacht und das Bezugsrecht der Aktionäre ausgeschlossen hat, auch wenn dieser Ausschluß nicht ausdrücklich ausgesprochen ist, während er

[3]) Vgl. Staub, Anm. 4 zu § 221; Makower, Anm. III zu § 221; dort auch weitere Literaturangaben.

[4]) Staub, Einleitung zu § 279; Makower, Anm. Ib zu § 279; RG. Bd. 42 S. 4.

das Bezugsrecht den Sacheinlegern zubilligt. Natürlich wird es praktisch immer empfehlenswert sein, den Ausschluß des Bezugsrechts im Kapitalserhöhungsbeschluß auch ausdrücklich zu betonen, aber notwendig ist dies zweifellos nicht.[5]) — Für den Teil der Aktien, der nicht gegen Sacheinlage ausgegeben wird, tritt selbstverständlich, falls nichts anderes bestimmt ist, das gesetzliche Bezugsrecht der Aktionäre ein.

Es mag hier noch angefügt werden, daß eigentlich auch der oben behandelte Fall der Fusion nichts anderes ist, als eine Abart der Kapitalserhöhung unter Gestattung von Sacheinlagen. Das Spezifische daran ist nur, daß der Gegenkontrahent, der die Sacheinlage leistet, in diesem Fall selbst eine Aktiengesellschaft ist und daß die zu leistende Sacheinlage in dem ganzen Vermögen der übertragenden Aktiengesellschaft besteht, so daß diese dadurch aufgelöst wird. Es wäre also eigentlich auch ohne die ausdrückliche Bestimmung des § 305 Abs. 1 HGB. selbstverständlich, daß im Fall einer Fusion das Bezugsrecht der Aktionäre der übernehmenden Gesellschaft ausgeschlossen ist.[6]) —

Die Kapitalserhöhung bei der Aktiengesellschaft kann auch in der Weise vor sich gehen, daß die neu auszugebenden Aktien oder ein Teil derselben als Vorzugsaktien ausgestaltet werden. Die Vorrechte, die den neuen Aktien gewährt werden können, können von mannigfachster Art sein.[7]) Sehr häufig ist namentlich die Gewährung einer Vorzugsdividende auf die neuen Aktien, z. B. in der Weise, daß den Übernehmern der neuen Aktien für dieselben, falls ein Gewinn erzielt ist, eine Verzinsung versprochen wird, während erst der verbleibende Teil des Gewinns gleichmäßig zur Ausschüttung an alle Aktionäre kommt. In einem solchen Fall der Kapitalserhöhung gelten nun, streng genommen, für das Bezugsrecht keine besonderen Vorschriften. Es ist aber klar, daß durch derartige Festsetzungen ein starker wirtschaftlicher Druck[8]) auf die alten Aktionäre ausgeübt wird, von den ihnen zustehenden Bezugsrechten auf die Vorzugsaktien Gebrauch zu machen, denn sonst wären sie ja gegenüber den beziehenden Aktionären im Nach-

---

[5]) Ebenso Staub, Anm. 2 zu § 282; Makower, Anm. I zu § 282; Pinner, Anm. 3 zu § 282; Lehmann-Ring, Nr. 2 zu § 282; Brand, Anm. 2c zu § 282; Ritter, Anm. 3 zu § 282; Lehmann Bd. II S. 463 Anm. 3.

[6]) Makower, Anm. III b 3 zu § 305.

[7]) Vgl. z. B. Staub, Anm. 4—9 zu § 185.

[8]) Über die rechtliche Bedeutung des wirtschaftlichen Drucks vgl. Leist, „Die Sanierung von Aktiengesellschaften", § 14 S. 36; Staub, Anm. 2 zu § 185.

teil. Daß derartige Festsetzungen des Kapitalserhöhungsbeschlusses zulässig seien, ist nach dem Gesetz nicht zu bestreiten und auch vom Reichsgericht anerkannt worden.[9])

Bei der Ausgabe von Vorzugsaktien kann auch der eigentümliche Fall eintreten, daß ein Bezugsrecht geschaffen wird, ohne daß eine Erhöhung des Grundkapitals tatsächlich vorgenommen wird:

Es ist z. B. vorgekommen, daß durch die Generalversammlung einer Aktiengesellschaft beschlossen wurde: Es wird den Aktionären ein Bezugsrecht auf auszugebende Vorzugsaktien eingeräumt, in der Weise, daß diese für Hingabe von fünf alten Aktien zu 600 Mk. (nominell) und durch eine hinzutretende bare Aufzahlung von 800 Mk. zwei Vorzugsaktien über nominell je 1000 Mk. erwerben können. Durch die Ausübung des Bezugsrechts würde also eine Verringerung, nicht eine Erhöhung des Grundkapitals erzielt werden, da auf eine Leistung von fünf Aktien mit einem Nominalbetrag von 3000 Mk. und für eine dazutretende Aufzahlung von 800 Mk. nur nominell 2000 Mk. geleistet werden. Bei Prüfung der Frage, ob eine derartige Ausgestaltung des Bezugsrechts zulässig sei, ist die Vorfrage zu beantworten, ob die Umwandlung der Aktien in Vorzugsaktien ohne Erhöhung des Grundkapitals gegen bare Aufzahlungen der Aktionäre durch Mehrheitsbeschluß der Generalversammlung festgesetzt werden könne, oder ob dazu Einstimmigkeit erforderlich sei. Daß die Bestimmung an sich zulässig ist, geht aus § 262 Ziff. 3 HGB. hervor. Das Reichsgericht hat nun entschieden, daß zur gültigen Festsetzung einer derartigen Bestimmung ein Mehrheitsbeschluß, der den §§ 274, 275 HGB. entspricht, genügend sei.[10]) Wenn man diese Voraussetzung als richtig annimmt, so muß es auch zulässig sein, auf die neu zu schaffenden Vorzugsaktien ein Bezugsrecht der Aktionäre in der angegebenen Weise zu statuieren, also ein Bezugsrecht ohne Kapitalserhöhung. Auf die rechtliche Behandlung dieses Bezugsrechts lassen sich die für den Normalfall des Bezugsrechts aufstellten Grundsätze im großen und ganzen anwenden, mit Ausnahme der Bestimmungen, die für den Fall des Nießbrauchs an den

[9]) Vgl. RG. Bd. 52 S. 294. Diese in mehrfacher Hinsicht zu verwertende Entscheidung (vgl. die folgenden Anmerkungen) behandelt einen ganz eigentümlichen Fall der Verquickung einer Ausgabe von Vorzugsaktien mit einer Herabsetzung und gleichzeitigen Wiedererhöhung des Grundkapitals, unter Gewährung eines Bezugsrechts an die Aktionäre. — Ferner RG. Bd. 68 S. 238. — Ferner RG. bei Kaufmann, „Handelsrechtliche Rechtsprechung", Bd. XI S. 81.

[10]) RG. Bd. 52 S. 291 ff. — Vgl. auch Leist a. a. O. § 43 S. 114.

alten Aktien gelten. Ein derartiges Bezugsrecht kann nicht als eine Nutzung des Aktienrechts bezeichnet werden, denn zum Begriffe der Nutzung gehört es, daß die Sache oder das Recht, die die Nutzung gewähren, unversehrt in ihrer Substanz erhalten bleiben. Hier ist dies aber nicht der Fall; denn durch Ausübung dieses Bezugsrechts tritt an Stelle eines Aktienrechts von nominell 3000 Mk. ein Aktienrecht von nur nominell 2000 Mk. Es bedeutet dies eine wesentliche Änderung des den Nießbrauch gewährenden Rechts. Dazu ist der Nießbraucher nicht berechtigt, nach § 1037 Abs. 1 BGB., der nach § 1068 Abs. 2 BGB. auf den Rechtsnießbrauch Anwendung findet. Diese Berechtigung steht vielmehr dem Eigentümer zu, aber auch ihm nicht unbeschränkt, sondern nur mit Zustimmung des Nießbrauchers; dies ergibt sich aus § 1071 Abs. 2 BGB., der deshalb anzuwenden ist, weil die Änderung des Aktienrechts, wie sie in der Ausübung des Bezugsrechts durch den Eigentümer der alten Aktien liegen würde, den Nießbrauch nicht nur beeinträchtigen, sondern einfach beseitigen würde. Sache des Nießbrauchers wird es nun in diesem Fall sein, seine Zustimmung zur Geltendmachung des Bezugsrechts von einem entsprechenden Äquivalent, eventuell von der Einräumung des Nießbrauchs an den neuen Aktien abhängig zu machen.

Eine gewisse Ähnlichkeit mit dem eben erörterten Fall hat der Fall der Zusammenlegung von Aktien. Dieser ist ebenfalls nicht ein Fall der Grundkapitalserhöhung, sondern ein Fall der Herabsetzung des Grundkapitals. Es wird die Höhe des Grundkapitals dadurch verringert, daß der nominelle Anteil der einzelnen Aktionäre am Grundkapital verringert wird, und zwar versteht man unter Zusammenlegung speziell den Fall, daß eine Verminderung des Grundkapitals durchgeführt wird, durch Verringerung der Zahl der Aktien. Es ergeht z. B. ein Beschluß der Generalversammlung, dahin lautend, daß die Aktien der bisherigen Aktionäre im Verhältnis von 1:3 zusammengelegt werden, d. h. das Anteilrecht jedes Aktionärs am Grundkapital soll nominell nur mehr ein Drittel des bisherigen Anteilsrechts betragen. Wenn dieser Beschluß unter Beobachtung der Vorschriften der §§ 288, 289 HGB. gültig gefaßt ist, so ist er für die Aktionäre bindend. Ein eigentliches Bezugsrecht existiert in diesem Fall natürlich nicht; denn die Vorschriften über das Bezugsrecht gelten nur für den Fall der Erhöhung des Grundkapitals. Ganz im Gegenteil kann hier sogar ein Zwang auf die Aktionäre ausgeübt werden, bei den zur Durchführung der Kapitalsherabsetzung erforderlichen Maßregeln mitzuwirken, also eventuell, falls die Ausgabe von neuen

Aktien, die einer entsprechenden größeren Anzahl von alten Aktien entspricht, beschlossen wurde, dieselben zu beziehen (Bezugspflicht; § 290 HGB.). Das wirkliche Bezugsrecht spielt aber wieder eine Rolle für den Fall, daß gleichzeitig mit der Herabsetzung des Grundkapitals eine Wiedererhöhung des verminderten Grundkapitals erfolgen soll. Die Zulässigkeit derartiger Beschlüsse ist mangels einer entgegenstehenden gesetzlichen Bestimmung anzunehmen.[11]) Der wirtschaftliche Zweck, den eine Gesellschaft dabei verfolgen kann, kann sehr verschieden sein.[12]) Auch sind die verschiedenartigsten Kombinationen denkbar. Möglich wäre z. B. ein Beschluß, der zunächst eine Herabsetzung des Grundkapitals bestimmt und dann den zusammengelegten Aktien ein Bezugsrecht auf die bei der nachfolgenden Kapitalserhöhung auszugebenden neuen Aktien (die auch eventuell Vorzugsaktien sein können) gewährt. Die Möglichkeiten sind hier mannigfach. Es trifft dann in allen diesen Fällen wieder das oben Gesagte zu: Juristisch besteht durchaus keine Pflicht zum Bezug der neuen Aktien, aber wirtschaftlich kann in der bezeichneten Weise ein Druck auf die Aktionäre zur Ausübung ihers Bezugsrechts ausgeübt werden. Es ist allgemein in der Theorie und auch vom Reichsgericht (siehe oben) anerkannt, daß es zulässig ist, den Aktionären, die ihr Bezugsrecht ausüben, gewisse besondere Vorteile zu gewähren. Dagegen ist es eine Streitfrage, ob auch für den Fall der Nichtausübung des Bezugsrechts gewisse Nachteile angedroht werden dürfen, etwa in folgender Weise: Es wird eine Kapitalserhöhung vorgenommen, und den Aktionären beispielsweise im Verhältnis von 3 : 1 ein Bezugsrecht gewährt, auf drei alte Aktien trifft eine neue. Dabei wird aber weiter bestimmt, daß die Aktien derjenigen Aktionäre, die ihr Bezugsrecht nicht ausüben, im Verhältnis von 3 : 1 zusammengelegt werden sollen. Das Reichsgericht hat entschieden, daß diese Androhung von Nachteilen für die Aktionäre, die ihr Bezugsrecht nicht ausüben wollen, unzulässig sei, da sie dem Grundsatz der Gleichberechtigung der Aktionäre widerspreche.[13]) In der Theorie aber ist eine Einigung über diese Frage noch keineswegs erzielt. Sie läuft letzten Endes auf die allgemeinere Frage hinaus,

---

[11]) Vgl. Staub, Anm. 13 zu § 290 und die dort angegebenen Gerichtsentscheidungen.

[12]) Leist a. a. O. S. 120. „In der Praxis erweist sich eine solche Kombination oft dann als notwendig, wenn die Herabsetzung zur Beseitigung einer Unterbilanz dient, gleichzeitig aber die Aktiengesellschaft neue Betriebsmittel braucht, um eine erfolgreiche Tätigkeit wieder entfalten zu können."

[13]) RG. Bd. 52 S. 293 ff. Für das ältere Recht vgl. RG. Bd. 41 S. 99.

ob es in der Aktiengesellschaft zulässig sei, den Aktionären, die nicht Nachschüsse leisten, wozu sie rechtlich nicht gezwungen werden können, bestimmte Nachteile in ihrer Stellung zur Gesellschaft anzudrohen und sie so wirtschaftlich zu Nachschüssen zu zwingen; mit dem Wesen des Bezugsrechts als solchem hat diese Streitfrage eigentlich nichts zu tun.[14]) —

Ein ganz besonders eigentümlicher Fall der Ausgestaltung des Bezugsrechts ist schließlich noch die Ausgabe von sogen. Gratisaktien (actions gratuites, actions de primes). Zur Erläuterung dieses Begriffes, der mit den Lehren vom Bezugsrecht im engsten Zusammenhang steht und der erst in allerjüngster Zeit in der Literatur nähere Behandlung gefunden hat,[15]) ist etwas weiter auszuholen.[16])

An sich gilt nach deutschem Aktienrecht der Grundsatz, daß der Aktionär von der Einlagepflicht nicht befreit werden kann. Gratisaktien in dem eigentlichen Sinn also, daß dem Aktionär eine Aktie unentgeltlich von seiten der Gesellschaft zur Verfügung gestellt wird — etwa z. B. als besonderes Gründervorrecht — sind verboten. Es ergibt sich dies aus den Bestimmungen der §§ 178, 184, 211 HGB. und ist auch in der Literatur des deutschen Handelsrechts stets anerkannt worden.[17]) Nun kommt aber bei der Erhöhung des Grundkapitals (und nur bei dieser; bei der Gründung der Gesellschaft ist, wie sich aus dem Nachfolgenden ergeben wird, dieser Vorgang unmöglich) eine Art der Aktienemission vor, die scheinbar doch eine Ausgabe von Aktien enthält, ohne daß der Aktionär eine Einlage leistet und die deshalb als Ausgabe von „Gratisaktien" bezeichnet wird. Diese Bezeichnung ist unzutreffend; denn tatsächlich wird doch eine Einlage geleistet.

Voraussetzung des ganzen Vorganges ist, daß die Aktiengesellschaft einen freiwilligen Reservefonds hat. In der Verfügung über ihren gesetzlichen Reservefonds ist sie nach § 262 HGB. gebunden. Sie muß diesen zur Deckung eines aus der Bilanz sich

---

[14]) Vgl. Staub, Anm. 14 zu § 290 und die dort angegebene Literatur.

[15]) Vgl. den Aufsatz von Winckler, „Ausgabe von Gratisaktien. Aktiennießbrauch und Aktienbezugsrecht", in der LZ. Bd. 7, 1913, S. 48 ff. und von demselben: „Die rechtliche Natur der Gratisaktien", LZ. Bd. 7 S. 456 ff. Ferner: Breit, „Gratisaktien und Nießbrauch", LZ. 1914 Heft 4 S. 368 ff. und Holländer, „Gratisaktien" bei Holdheim 1914 Nr. 4 S. 88.

[16]) Vgl. den Prospekt in Anlage II, der ein typisches Beispiel der Ausgabe von „Gratisaktien" enthält. Unten S. 93.

[17]) Vgl. z. B. Staub, Anm. 18 zu § 178; Lehmann Bd. I S. 378. Für das ältere Recht Renaud S. 758; Ring, Anm. 11 zu Art. 175 b, der dem § 186 HGB. entspricht; Pauly, „Die Sonderrechte der Aktionäre", S. 47.

ergebenden Verlustes verwenden. Dagegen ist es unbestritten, daß die Gesellschaft über einen freiwilligen Reservefonds beliebig verfügen kann, sei es, falls der Reservefonds auf Grund des Statuts geschaffen wurde, im Wege einer Statutenänderung, sei es, falls der freiwillige Reservefonds nur auf Grund eines Generalversammlungsbeschlusses besteht, durch einfachen Generalversammlungsbeschluß.[18]) Die Gesellschaft kann demnach derartige freiwillige Reservefonds auch an ihre Aktionäre verteilen. Die normale Form hiefür wäre die bare Auszahlung einer außerordentlichen Superdividende; es können aber besondere Gründe vorliegen, — sie sollen unten geschildert werden —,[19]) die es als zweckmäßig erscheinen lassen können, diesen Reservefonds den Aktionären in der Weise zugute kommen zu lassen, daß er zur Bezahlung neuauszugebender Aktien von Seite der Aktionäre verwendet wird.

Es wird also in demselben Generalversammlungsbeschluß, der die Ausschüttung der Superdividende festsetzt, gleichzeitig eine Kapitalserhöhung beschlossen, und zwar in der Weise, daß sich der Betrag, um den das Grundkapital erhöht werden soll, mit dem Betrag des zu verteilenden Reservefonds deckt. Weiter wird in dem Generalversammlungsbeschluß den Aktionären ein Bezugsrecht auf die auszugebenden Aktien zugesichert. Damit ist also den Aktionären ein doppelter Anspruch eingeräumt: Einmal der Anspruch auf die Superdividende, zweitens der aus dem Bezugsrecht fließende Anspruch auf die neuen Aktien. Dem steht der Anspruch der Gesellschaft auf Bezahlung der neuen Aktien gegenüber. In der Regel wird es nun so eingerichtet, daß die drei erwähnten Ansprüche gleich groß sind; z. B. in folgender Weise: die Generalversammlung beschließt, daß jeder Aktionär eine einmalige Superdividende von 250 Mk. erhalten soll; ferner beschließt sie, daß auf je vier alte Aktien zu nominell 1000 Mk. eine neue Aktie zu ebenfalls nominell 1000 Mk. und mit einem Emissionspreis von ebenfalls 1000 Mk. treffen soll. Der Aktionär, der gerade vier Aktien der Gesellschaft besitzt, hat dann einen Anspruch auf eine bare Superdividende von 1000 Mk., auf eine Aktie mit einem Nominalbetrag von 1000 Mk. und ist dagegen verpflichtet, 1000 Mk. zur Bezahlung der neuen Aktie zu verwenden. Hat er weniger oder mehr Aktien, so reduzieren bzw. vergrößern sich seine Pflichten und Ansprüche immer im gleichen Verhältnis. Es leuchtet ein, daß es

[18]) Vgl. Staub, Anm. 25 zu § 262; Lehmann Bd. II S. 298 ff.; insbesondere S. 300.

[19]) Unten S. 69 f.

zweckmäßig ist, die baren Forderungen, nämlich die Forderung des Aktionärs auf die Superdividende und die der Gesellschaft auf Bezahlung der Aktien gegeneinander aufzurechnen. Auch diese Aufrechnung nun wird ebenfalls schon im Generalversammlungsbeschluß den Aktionären gestattet. Eine vereinbarte Aufrechnung auf die zu leistende Einlage, ist ja, wie schon oben dargelegt,[20]) zulässig. — Der praktische Effekt ist also folgender: Der Aktionär erhält eine neue Aktie, ohne dafür eine Barzahlung zu leisten. Er erhält sie aber nicht gratis, sondern er leistet dadurch den Entgelt, daß er seine ihm zustehende Forderung auf die Superdividende durch Aufrechnung zur Zahlung verwendet. Er hat also anstatt der Bareinlage eine Sacheinlage gemacht. Denn unter dem Begriff der „Sacheinlagen" (der Ausdruck ist eigentlich ungenau) fällt jede Einlage, die nicht durch Barzahlung gemacht wird (§ 186 Abs. 2 HGB.), also auch der Fall, daß der Aktionär eine ihm zustehende Forderung gegen die Gesellschaft als Einlage verwendet.[21]) Es ist daher jedenfalls notwendig, daß der erwähnte Beschluß der Generalversammlung den Vorschriften des § 279 entspricht, der von der Erhöhung des Grundkapitals unter Gewährung von Sacheinlagen handelt.

Die Ausgabe der Aktien gegen die geschilderten Sacheinlagen ist wesentlicher Bestandteil eines derartigen Generalversammlungsbeschlusses, d. h. es wird beschlossen, daß die neuen Aktien überhaupt nicht gegen Barzahlung bezogen werden können, sondern nur in der Weise, daß der Aktionär seinen Superdividendenanspruch auf den Preis der Aktien anrechnen läßt. Damit ist implicite auch gesagt, daß derjenige Aktionär, der die Superdividende bar verlangt, sein Bezugsrecht auf die neuen Aktien verliert. Gegen eine solche Einschränkung des Bezugsrechts ist rechtlich nichts einzuwenden; denn so gut die Generalversammlung die Befugnis hat, das Bezugsrecht der Aktionäre ganz auszuschließen, darf sie es auch auf einen bestimmten Kreis von Aktionären beschränken, im vor-

---

[20]) Oben S. 59 Text und Anm. 3.

[21]) Vgl. hierzu Staub, Anm. 6 zu § 186; Makower, Anm. II a und b zu § 186; Lehmann Bd. I S. 217 und Bd. II S. 445 Anm. 1; er erklärt nur die Aufrechnung von Seite der Gesellschaft für zulässig; es ist aber nicht einzusehen, warum nicht der Aktionär die Aufrechnung solle erklären können, wenn ihm dies im Generalversammlungsbeschluß gestattet wird. — Die Zulässigkeit des ganzen Vorgangs bejaht auch Staub, Anm. 2 zu § 279, meint aber, in Deutschland sei diese Art der Kapitalserhöhung nicht üblich. Die neuere Entwicklung hat das Gegenteil gelehrt. Vgl. namentlich auch RG. Bd. 42 S. 4; Beschluß des BayObLG. vom 31. Oktober 1908 in SeuffA. Bd. 64 S. 199 ff.

liegenden Fall auf diejenigen, die nicht den Anspruch auf die bare Superdividende machen. Nicht zulässig wäre dagegen im allgemeinen ein Beschluß, in welchen den Aktionären nur ein Bezugsrecht auf die neuen Aktien gegen Aufrechnung des Dividendenanspruchs eingeräumt würde, ihnen dagegen für den Fall der Nichtausübung dieses Bezugsrechts jede Entschädigung versagt würde. Das hieße soviel als: derjenige Aktionär, der die neuen Aktien nicht übernehmen will, verliert den Anspruch auf die Superdividende; das wäre eine Verletzung nicht der Rechtssätze über das Bezugsrecht, sondern der Rechtssätze über die Verteilung der Dividende. Nach § 214 Abs. 1 HGB. ist die Dividende an die Aktionäre gleichmäßig zu verteilen. Allerdings kann nach § 214 Abs. 3 der Gesellschaftsvertrag anderes festgesetzt haben; aber es wird wohl praktisch keinen Gesellschaftsvertrag geben, der den Ausschluß gewisser Aktionäre (nämlich derjenigen, die nicht parieren wollen) von der Dividendenberechtigung gestattet. Es muß also den Aktionären die Möglichkeit gegeben sein, anstatt der neuen Aktien auch die bare Superdividende verlangen zu können. Tatsächlich wird es ja wohl für die Aktionäre stets vorteilhaft sein, von dieser Möglichkeit keinen Gebrauch zu machen, denn die Aktien einer Gesellschaft, die sich den Luxus von Gratisaktien leisten kann, werden gewöhnlich einen derartig hohen Kurs haben, daß das Bezugsrecht auf die neuen Aktien viel wertvoller ist, als die Superdividende, so daß der Aktionär, wenn er durchaus nicht die neuen Aktien erwerben will, lieber das Bezugsrecht verkaufen wird, als die Superdividende von der Gesellschaft zu fordern.

Außer der Gestattung von Sacheinlagen ist bei diesem Generalversammlungsbeschluß auch die Einräumung des Bezugsrechts an die Aktionäre ein wesentlicher Bestandteil. Eine Superdividende kann begrifflich nur den Aktionären zugute kommen und deshalb muß auch der Bezug der als Äquivalent dienenden Aktien ausschließlich den Aktionären gestattet sein.[22]) Natürlich schließt dies eine Veräußerung des Bezugsrechts so wenig aus, als der Anspruch auf die Superdividende unveräußerlich ist.

Ergebnis: Die Ausgabe von sogen. „Gratisaktien" ist nichts anderes, als eine besondere Form der Verteilung aufgespeicherter

---

[22]) Winckler a. a. O. S. 458 geht sogar soweit, zu sagen, die Gratisaktie sei nichts anderes, als ein den Aktionären eingeräumtes Bezugsrecht auf die von der Aktiengesellschaft in Aktien umgewandelten Reserven. Das mag als praktisches Ergebnis stimmen, der juristischen Konstruktion trägt diese Definition nicht genügend Rechnung.

freiwilliger Reserven der Aktiengesellschaft. Sie ist zu konstruieren als eine Ausgabe von Aktien gegen Sacheinlage. Letztere besteht in der den Aktionären gestatteten Aufrechnung ihrer Forderung auf die Superdividende gegen die Forderung der Gesellschaft auf Bezahlung der neuen Aktien. Wesentlich ist dabei, daß der Generalversammlungsbeschluß, der diese Ausgabe von Gratisaktien bestimmt, die Vorschriften des § 279 HGB. einhält, und daß er den Aktionären ein Bezugsrecht auf die Gratisaktien gewährt.

Nach dieser Definition ist es also unzutreffend, wenn gesagt wird,[23]) die Beobachtung der strengeren Vorschriften des § 279 HGB. könne dadurch vermieden werden, daß die Aktionäre die Verpflichtung zur Bareinlage übernehmen und die Gesellschaft ihrerseits aufrechnet. Natürlich kann ja auch der Weg gewählt werden, daß die Generalversammlung beschließt: Die Zeichnung auf die neuen Aktien hat die Verpflichtung zur Barzahlung zu enthalten. Die Gesellschaft hat aber das Recht, mit der ihr daraus entstandenen Forderung gegen die Forderung des Aktionärs auf die Superdividende aufzurechnen. Hier ist allerdings nicht von einer Sacheinlage, sondern von einer Bareinlage die Rede. Es ist aber doch schon vorher im Generalversammlungsbeschluß festgesetzt worden, daß tatsächlich keine Bareinlage geleistet werden soll, und es kann keinen Unterschied machen, ob die Rolle des die Aufrechnung Erklärenden der Gesellschaft oder dem Aktionär zugewiesen wird. Beabsichtigt ist in jedem Fall die nicht bare Einlage und das genügt, um die Einlage zur Sacheinlage zu machen.[24]) Es kann also richtiger Ansicht nach die Beobachtung der Vorschriften des § 279 nicht umgangen werden. Andererseits genügt es aber auch, wenn der Kapitalerhöhungsbeschluß diesen Erfordernissen entspricht und mit der für Kapitalserhöhungen überhaupt erforderlichen Mehrheit (§§ 274, 275, ferner 278 Abs. 2 HGB.) gefaßt ist. Einstimmigkeit ist für einen solchen Beschluß nicht notwendig.[25]) Das wäre nur der Fall, wenn dieser Generalversammlungsbeschluß in Sonderrechte der Aktionäre eingreifen würde, was nicht der Fall ist.

Möglich ist die Gestaltung des Bezugsrechts bei diesen „Gratisaktien" auch in der Weise, daß den Aktionären ihre Aktien in solche mit höherem Nominalbetrag ohne bare Aufzah-

[23]) Hollaender a. a. O. S. 89.

[24]) Vgl. Makower, Anm. IIb zu § 186, Anm. Ib zu § 279; Staub, Einleitende Bemerkung und Anm. II zu § 279. Ferner den erwähnten Beschluß des BayObLG., SeuffA. S. 200.

[25]) Anderer Ansicht: Lehmann Bd. II S. 445 Anm. 1.

lung umgewandelt werden, sei es mit oder ohne Ausgabe neuer Aktienurkunden, während als Entgelt für diese den Aktionären eingeräumte Erhöhung der Mitgliedschaftsrechte ihr Anspruch auf die Superdividende verwendet wird. Beispiel: Es wird beschlossen, den Aktionären eine Superdividende von 100 Mk. auf jede Aktie in der Weise zukommen zu lassen, daß jeder Aktionär, der eine Aktie über nominell 1000 Mk. einreicht, ohne bare Aufzahlung eine Aktie mit einem Nominalbetrag von 1100 Mk. dafür erhält. Ein derartiger Beschluß ist im wesentlichen auch nichts anderes als der oben dargestellte Fall.

Was nun die wirtschaftliche Bedeutung der Ausgabe von Gratisaktien angeht, so kommt dieselbe natürlich in der Regel nur bei ganz ausgezeichnet rentierenden Gesellschaften vor. Denn nur da wird es möglich sein, ohne übermäßige Beeinträchtigung der Dividende einen bedeutenden freiwilligen Reservefonds, wie er zur Ausgabe von Gratisaktien nötig ist, allmählich anzusammeln bzw. aus dem Gewinn eines einzigen Jahres einen ad hoc gebildeten freiwilligen Reservefonds für die Verteilung der Gratisaktien abzuspalten. Der Zweck der Ausgabe von Gratisaktien kann nun ein sehr verschiedener sein: Gewöhnlich wird damit eine Herabsetzung der ordentlichen Dividende oder mindestens die Verhütung einer weiteren Steigerung derselben bezweckt. Wenn die Gesellschaft eine Erhöhung des Grundkapitals vornimmt, so verteilt sich die auszuschüttende ordentliche Dividende auf eine größere Anzahl von Aktien und daraus ergibt sich die natürliche Folge, daß der Prozentsatz der auf die einzelne Aktie entfallende Dividende ein geringerer wird. Diese Wirkung kann nun aus verschiedenen Gründen beabsichtigt sein: Es kann dafür die Erwägung maßgebend sein, daß eine überhohe Dividende den Kurs der Aktien der Gesellschaft allzusehr in die Höhe treibt, was natürlich eine gewisse Gefahr in sich birgt, oder, daß es auf die Angestellten der Gesellschaft einen schlechten Eindruck macht, wenn die Gesellschaft so exorbitante Gewinne zu verteilen hat; es können aber auch Rücksichten auf die Steuerpolitik der Gesellschaft eine Herabsetzung der ordentlichen Dividende als wünschenswert erscheinen lassen.[26] In solchen Fällen ist also eine sogen. „Verwässerung" des Grundkapitals beabsichtigt, um durch Herabsetzung der Dividende einen bescheideneren Eindruck zu machen. Es kommt aber auch vor, daß in einer Aktiengesellschaft die maßgebenden Persönlichkeiten, Aufsichtsräte und Großaktionäre (was meist das-

[26]) Vgl. z. B. § 15 PreußEinkommenStG.

selbe ist) die allmähliche Ansammlung eines freiwilligen Reservefonds durchsetzen, angeblich um eine genügende Solidität der Bilanz und die Möglichkeit des Ausgleichs eines Gewinnausfalls in schlechteren Jahren zu haben, tatsächlich aber um inzwischen sich allmählich in den Besitz möglichst vieler Aktien der Gesellschaft setzen zu können, und dann, wenn sie sich stark genug fühlen, den aufgespeicherten Gewinn in Form von Gratisaktien sich selbst zufließen lassen zu können, während sie ihn früher mit den Kleinaktionären hätten teilen müssen.[27])

Es ist hier noch hinzuzufügen, daß die Frage, ob das Bezugsrecht dem Eigentümer oder dem Nießbraucher der alten Aktien zusteht, bei der Ausgabe von Gratisaktien nicht durchaus im selben Sinn, wie beim gewöhnlichen Bezugsrecht, beantwortet werden kann. Dieses Bezugsrecht stellt sich als nichts anderes dar, als eine besondere Form, dem Aktionär eine Superdividende zukommen zu lassen. Eine Superdividende kann aber, wie wir gesehen haben, nur dann zur Verteilung kommen, wenn von dem ordentlichen Gewinn Abzüge gemacht wurden, und zur Bildung eines freiwilligen Reservefonds verwendet wurden. Wenn also eine Aktiengesellschaft diesen den Aktionären entzogenen Gewinn in Form einer Superdividende nachzahlt, so bekommen die Aktionäre keineswegs eine außerordentliche Zuwendung, sondern sie bekommen nur die ordentliche Nutzung ihrer Aktien in einer außerordentlichen Form. Diese außerordentliche Form ist die Ursache dafür, daß man die Superdividende, trotzdem sie sich als eine Nutzung des Aktienrechts darstellt, nicht ohne weiteres ganz dem Nießbraucher zusprechen kann. Denn soweit die Superdividende den Ersatz für einen Abzug an früheren Dividenden darstellt, die vor Bestellung des Nießbrauchs verteilt wurden, die also noch der Eigentümer der Aktie erhalten hat, insoweit muß auch die Superdividende dem Eigentümer zustehen. Es ist hier also die bisherige Dauer des Nießbrauchs an der Aktie der Maßstab für die Verteilung der Superdividende. Wenn z. B. an einer Aktie seit drei Jahren ein Nießbrauch besteht, während die Gesellschaft seit sechs Jahren einen freiwilligen Reservefonds ansammelt, der nun als Superdividende auf einmal zur Verteilung gelangt, so ist die ordentliche Dividende des Eigentümers der Aktie drei Jahre lang um gewisse Beträge gekürzt worden und ebenso ist die Dividende des Nießbrauchers während dreier Jahre geschmälert

---

[27]) Vgl. Steinitzer, „Ökonomische Theorie der Aktiengesellschaft", S. 136.

worden. Unter der Annahme also, daß jedes Jahr von der Gesellschaft der gleiche Betrag zur Bildung des freiwilligen Reservefonds verwendet wurde, würde in diesem Fall die Superdividende dem Eigentümer und Nießbraucher der Aktien je zur Hälfte gebühren. Legte die Gesellschaft ungleich große Beträge zurück, so muß eine entsprechende rechnerische Korrektur des Ergebnisses vorgenommen werden. Hätte dagegen die Gesellschaft erst in dem Jahr, in dem sie eine Superdividende verteilt, ad hoc einen Reservefond gebildet, so wäre das, falls in diesem Jahr schon ein Nießbrauch an der Aktie bestand, eine Schmälerung des Dividendenrechts des Nießbrauchers allein und ihm wäre in diesem Fall die Superdividende ganz zuzusprechen. — Was nun hier von der Superdividende gilt, gilt auch von dem Bezugsrecht auf die Gratisaktien; denn dieses ist ja wirtschaftlich nichts anderes als die Superdividende. Wenn dem Nießbraucher das Recht auf die Superdividende ganz zugestanden wäre, so steht ihm auch das Bezugsrecht auf die Gratisaktien allein zu. Insoweit er die Superdividende mit dem Eigentümer zu teilen gehabt hätte, insoweit steht ihm auch das Bezugsrecht nur zum Teil zu. Wenn er dasselbe ganz ausübt (wie dies praktisch wohl nicht anders denkbar ist), so ist dies teilweise eine übermäßige Fruchtziehung, die aber infolge des besonderen Ereignisses der Emission von Gratisaktien notwendig gewesen ist. Es ist dann zur Regelung des Verhältnisses zwischen Eigentümer und Nießbraucher der § 1039 BGB. heranzuziehen (der auf den Rechtsnießbrauch nach § 1068 BGB. Anwendung findet), wonach das Eigentum an den im Übermaß gezogenen Früchten zwar dem Nießbraucher zusteht, ihn aber zum Ersatz gegenüber dem Eigentümer verpflichtet. Auf das Bezugsrecht angewendet, heißt das: Der Nießbraucher erwirbt das Eigentum an den Gratisaktien.[28]) Er ist aber verpflichtet, in dem Ver-

[28]) Hollaender a. a. O. S. 90 zieht ebenfalls den § 1039 BGB. heran, folgert aber aus demselben, das Eigentum an den neuen Aktien stehe dem Eigentümer zu. — Natürlich ist die im Text vertretene Ansicht, das Eigentum stehe dem Nießbraucher zu, nicht direkt auf die Worte des Gesetzes: „Der Nießbraucher erwirbt das Eigentum auch an solchen Früchten, die er . . . im Übermaß zieht . . .“ gegründet, da ja die übermäßige Frucht der Aktie primär nicht die Gratisaktien, sondern das Bezugsrecht auf dieselben ist. Man müßte sich also, streng genommen, folgendermaßen ausdrücken: Dem Nießbraucher steht das Bezugsrecht, soweit er es im Übermaß ausübt, weil dies infolge eines besonderen Ereignisses notwendig ist, ganz zu; er ist aber verpflichtet, insoweit Ersatz zu leisten, als ihm die Superdividende eigentlich nicht zugestanden wäre. Da ihm das Bezugsrecht ganz zusteht, erwirbt er auch das Eigentum an den bezogenen Aktien

hältnis, in dem ihm die Superdividende nicht zugestanden wäre, einen entsprechenden Teil des Wertes (und zwar des wirklichen, nicht des Nominalwertes) der Gratisaktien dem Aktionär nach Beendigung des Nießbrauchs als Ersatz zu leisten. Er muß für Erfüllung dieser Verpflichtung Sicherheit leisten. Die Wiederherstellungspflicht, von der § 1039 weiter spricht, kommt nicht in Betracht, da ja das Aktienrecht nicht beeinträchtigt ist. Auch der teilweise Wegfall der Ersatzpflicht des § 1039 Abs. 2 kann nicht in Betracht kommen, da die dem Nießbraucher gebührenden Nutzungen durch den übermäßigen Fruchtbezug nicht beeinträchtigt werden. Allerdings ist ja bei der Ausgabe von Gratisaktien eine Schmälerung der zukünftigen Dividenden, die dem Nießbraucher gebühren, beabsichtigt und tritt auch oft ein, doch ist die Ursache dieser Schmälerung nicht der übermäßige Fruchtbezug des Nießbrauchers, wie dies § 1039 Abs. 2 verlangt („durch" den übermäßigen Fruchtbezug), sondern die Ursache ist der Beschluß der Generalversammlung über die Ausgabe von Gratisaktien. Daher kann der Nießbraucher für diesen Gewinnentgang keinen Abzug an dem dem Eigentümer geschuldeten Ersatz machen. Als Entschädigung dient ihm vielmehr die auf die Gratisaktien entfallende Dividende. — Das Wahlrecht zwischen dem Bezug der baren Superdividende und der Ausübung des Bezugsrechts auf die Gratisaktien steht nach dem Gesagten dem Nießbraucher zu, da ja die übermäßigen Nutzungen primär ihm gebühren und nur eine Ersatzpflicht gegenüber dem Eigentümer besteht. Ebenso wäre der Nießbraucher auch befugt, das Bezugsrecht auf die Gratisaktien zu veräußern. Natürlich wird er praktisch wohl kaum den Anspruch auf die bare Superdividende geltend machen, da ja, wie schon oben dargelegt, das Bezugsrecht regelmäßig einen bedeutend höheren Wert repräsentiert.

Falls übrigens das Bezugsrecht auf die Gratisaktien so eingerichtet wurde, daß gegen Hingabe der alten Aktien neue mit einem erhöhten Nominalwert ohne bare Aufzahlung ausgegeben werden, so gilt hier dasselbe wie bei dem oben behandelten ähnlichen Fall der Ausgabe von Vorzugsaktien ohne Grundkapitalserhöhung.[29]) Es liegt in diesem Fall in der Ausübung des Bezugsrechts eine Änderung des Aktienrechts als solchen. Zu dieser ist der Nießbraucher nicht befugt. Andererseits ist nach § 1071

ganz, denn wer bezugsberechtigt ist, wird immer Eigentümer der zu beziehenden Aktien.

[29]) Oben S. 61 f.

Abs. 2 BGB. auch der Eigentümer der Aktien ohne Zustimmung des Nießbrauchers zur Ausübung des Bezugsrechts nicht befugt, da dadurch der Nießbrauch beeinträchtigt würde. Hier wird es dann wieder Sache des Nießbrauchers sein, seine Zustimmung von der Gewährung entsprechender Äquivalente abhängig zu machen, wie denn überhaupt bei der ganzen Frage, ob das Bezugsrecht auf Gratisaktien dem Eigentümer oder Nießbraucher zusteht, vertragliche Vereinbarungen die Regel bilden werden, da eine exakte Berechnung der nach dem Gesetz vorzunehmenden Verteilung praktisch große Schwierigkeiten bieten wird.[30])

VIII. Kapitel.

Der Rechtsschutz des Bezugsrechts.

Bei Untersuchung des Rechtsschutzes des Bezugsrechts ist scharf zu unterscheiden zwischen dem Schutz gegen Verletzungen des Bezugsrechts durch Beschlüsse der Generalversammlung und zwischen dem sonstigen Rechtsschutz des Bezugsrechts.

Was zunächst den Rechtsschutz des Bezugsrechts gegenüber Verletzungen durch Beschlüsse der Generalversammlung betrifft, so ist hier nochmal zurückzugreifen auf die Unterscheidung zwischen bedingtem und unbedingtem Bezugsrecht. Das Bezugsrecht ist vor dem Kapitalserhöhungsbeschluß der Generalversammlung ein bedingtes Recht. Erst der Kapitalserhöhungsbeschluß trifft eine endgültige Festsetzung. Dabei kann sich dieser Beschluß über etwaige frühere Festsetzungen über das

---

[30]) Zu anderen Ergebnissen kommen, unter sich abweichend, Winckler, Breit und Hollaender a. a. O. Winckler spricht das Bezugsrecht ganz dem Eigentümer zu und dem Nießbraucher als Entschädigung den Nießbrauch an den Gratisaktien, ohne hiefür eine gesetzliche Begründung beizubringen. Trotzdem spricht er das wahlweise eingeräumte Recht auf die bare Superdividende dem Nießbraucher zu. — Breit spricht ebenfalls dem Eigentümer das Bezugsrecht zu, da die Gratisaktie keine Frucht der Aktie sei. Eine Begründung hiefür gibt er nicht, sondern polemisiert nur gegen die Ansicht Wincklers, daß zum Fruchtbegriff regelmäßige Wiederkehr erforderlich sei. Als Hilfsmittel räumt er dem Nießbraucher den § 1071 BGB. ein und stimmt somit bezüglich des zuletzt behandelten Falls mit der im Text vertretenen Meinung überein. Für den Normalfall aber, daß zur Ausübung des Bezugsrechts nicht die Hingabe der alten Aktien notwendig ist, wäre der Nießbraucher gänzlich unentschädigt; denn der Eigentümer braucht dann die nach § 1071 erforderliche Zustimmung nicht, weil es sich dann gar nicht um eine Änderung, oder gar Aufhebung, des dem Nießbrauch unterliegenden Rechts handelt. — Bezüglich der Ansicht Hollaenders vgl. Anm. 28 auf S. 71.

Bezugsrecht hinwegsetzen. Es kann weder im Statut noch durch einen früheren Generalversammlungsbeschluß eine Bestimmung über das Bezugsrecht getroffen sein, die der Erhöhungsbeschluß gelten zu lassen braucht. Es kann z. B. nicht ein früherer Generalversammlungsbeschluß festsetzen: Bei einer künftigen Erhöhung des Grundkapitals soll das gesetzliche Bezugsrecht der Aktionäre ausgeschlossen sein. Der Ausschluß des Bezugsrecht kann gültig nur im Kapitalserhöhungsbeschluß festgesetzt werden; dies geht aus den Worten in § 282 Abs. 1 HGB. hervor: „Soweit nicht in dem Beschluß über die Erhöhung des Grundkapitals ein anderes bestimmt ist." Es könnte aber auch das Statut oder ein früherer Generalversammlungsbeschluß nicht ein Bezugsrecht an Aktionäre oder Dritte gewähren. Dem stünde § 283 Abs. 2 entgegen, der bestimmt: „Eine Zusicherung, die vor dem Beschluß über die Erhöhung des Grundkapitals geschieht, ist der Gesellschaft gegenüber unwirksam." Aus der Gegenüberstellung dieser beiden gesetzlichen Bestimmungen geht hervor, daß der Generalversammlungsbeschluß über die Erhöhung des Grundkapitals in der Gestaltung des Bezugsrechts völlig souverän ist, d. h. der Erhöhungsbeschluß kann eine Verletzung des Bezugsrechts *als solchen* überhaupt nicht enthalten.[1] Allerdings könnte ein solcher Beschluß ein *anderes* Sonderrecht oder Gesamtrecht der Aktionäre verletzen, oder er könnte gegen ein gesetzliches Verbot verstoßen. Nur ist zu beachten, daß der Gesetzgeber offensichtlich der Generalversammlung in der Gestaltung des Bezugsrechts möglichst freie Hand lassen will und daß man deshalb sehr vorsichtig sein muß, bei Beurteilung der Frage, ob die jeweilige Gestaltung des Bezugsrechts im Erhöhungsbeschluß tatsächlich ein Sonderrecht oder ein gesetzliches Verbot verletzt. — So ist z. B. ein Beschluß, der das Bezugsrecht nur einzelnen Aktionären, unter Umständen nur einem Aktionär zubilligt, zweifellos gültig, trotzdem er dem Sonderrecht der Aktionäre auf gleiche Behandlung zuwiderzulaufen scheint. Das Reichsgericht hat entschieden, daß ein Ausschluß des Bezugsrechts, der in der Absicht erfolgt, dem Vorstand freie Hand bei Ausgabe von Vorzugsaktien zu lassen, damit dieser gewisse Aktionäre besonders berücksichtigen könne, nicht gegen die guten Sitten verstoße;[2] es ist dies gewiß eine sehr einseitige Verteilung des Bezugsrechts und doch ist dem Reichsgericht in seiner Entscheidung sicherlich beizutreten. Die Grenze wird natürlich im Einzelfall nicht immer

---

[1]) *Makower*, Anm. Va zu § 282; RG. Bd. 62 S. 62.

[2]) RG. Bd. 68 S. 244 ff.

leicht zu ziehen sein; maßgebend wird gewöhnlich die Erwägung sein, ob es sich um ein verzichtbares Sonderrecht handelt, das durch den Erhöhungsbeschluß beseitigt werden soll oder nicht. Um noch einige Beispiele zu nennen, wird man wohl auch einen Beschluß für gültig erachten müssen, der das Bezugsrecht nur Aktionären einräumt, die freiwillig Nachschüsse leisten, trotzdem die Aktionäre dazu nach § 211 HGB. nicht verpflichtet sind, oder einen Beschluß, der das Bezugsrecht nur den Aktionären gibt, die sich mit einer Zusammenlegung ihrer Aktien zufrieden geben;[3]) dagegen wäre es nicht angängig, ein Bezugsrecht etwa nur den Aktionären zu gewähren, die auf das ihnen gesetzlich zukommende Stimmrecht verzichten (§ 252 HGB.) oder die etwa für die Verbindlichkeiten der Aktiengesellschaft entgegen den Bestimmungen der §§ 178, 211 HGB. eine persönliche Haftung übernehmen.

Die Mittel des Rechtsschutzes nun gegen einen Erhöhungsbeschluß, der derartige ungesetzliche Bestimmungen über das Bezugsrecht enthält, sind zweierlei:

Einmal hat der verletzte Aktionär ein Recht der Anfechtung, und zwar zunächst im Wege der Anfechtungsklage des Beschlusses nach §§ 271—273 HGB. Die Anfechtungsklage ist binnen einer Ausschlußfrist von einem Monat zu erheben. Die näheren Modalitäten dieser Anfechtungsklage ergeben sich aus den genannten Paragraphen. Soweit derartige Kapitalserhöhungsbeschlüsse gegen zwingende Rechtssätze verstoßen, oder in Sonderrechte, bzw. Gesamtrechte von Mitgliedern oder in Gläubigerrechte von Mitgliedern eingreifen, sind sie nicht nur anfechtbar, sondern auch nichtig; das heißt, der Aktionär ist an einen solchen Beschluß nicht gebunden, auch wenn er die Anfechtungsklage nicht innerhalb der bezeichneten Frist geltend macht. Außer der Anfechtungsklage stehen ihm auch die gewöhnlichen Rechtsbehelfe gegen nichtige Rechtsgeschäfte zu. Dies gilt unbeschränkt, soweit es sich um unverzichtbare Rechte handelt, wenn dagegen ein verzichtbares Recht verletzt wird, kann der Beschluß im Einzelfall gegenüber dem Verletzten durch Nichtgeltendmachung der Nichtigkeit in irgendwelcher Form gültig werden.[4]) Ein Beispiel wird dies deutlicher machen: Der oben erwähnte Beschluß, daß das Bezugsrecht bei denjenigen Aktionären ausgeschlossen sein solle, die nicht eine persönliche Haftung für die Verbindlichkeiten der Gesellschaft übernehmen wollen, wäre,

---

[3]) Vgl. die verschiedenen Beispiele im Kapitel VII S. 60 f., 63 f., 66 f.

[4]) Vgl. Staub, Anm. 15 bis 19 zu § 273; Makower, Anm. IIb zu § 273.

da er gegen die Bestimmung des § 178 HGB. verstößt, nach § 134 BGB. nichtig. Zur Geltendmachung dieser Nichtigkeit kann sich der Aktionär der Anfechtungsklage nach § 271 Abs. 1 HGB. bedienen. Er kann aber auch sich der allgemeinen Hilfsmittel bedienen, insbesondere kann er die Nichtigkeit durch einfache Erklärung gegenüber der Gesellschaft nach § 143 BGB. geltend machen. Aber selbst wenn er dies alles unterläßt, wird der Beschluß der Generalversammlung nicht gültig, da das Recht der Aktionäre auf reine Sachhaftung ein unverzichtbares Recht der Aktionäre ist. Jeder Aktionär könnte die Nichtigkeit aller auf Grund eines solchen Kapitalserhöhungsbeschlusses vorgenommenen Rechtshandlungen jederzeit geltend machen. Würde dagegen ein verzichtbares Sonderrecht vorliegen, so könnte der Beschluß in concreto demjenigen Aktionär gegenüber gültig werden, der auf die Anfechtung verzichtet. — Wenn er allerdings nun die Nichtigkeit im Wege der Anfechtungsklage nach § 271 HGB. geltend machen würde, würde ein rechtskräftiges Urteil, das die Nichtigkeit ausspräche, nach § 273 Abs. 1 Satz 1 HGB. auch für und gegen die Aktionäre wirken, die nicht Partei in dem Anfechtungsprozeß sind.

Das zweite Schutzmittel gegen den Erhöhungsbeschluß, der bei der Festsetzung über das Bezugsrecht unzulässige Bestimmungen enthalten würde, wäre die Versagung der zur Gültigkeit des Beschlusses nach §§ 280, 284, 285 HGB. erforderlichen Eintragung durch den Registerrichter. Der Registerrichter darf und muß die Eintragung in allen den erwähnten Fällen ablehnen. Solange ein Anfechtungsverfahren im Gange ist, kann er die Eintragung solange aussetzen, bis das Verfahren beendet ist (§ 127 FGG.). Wenn dagegen ein Beschluß vorliegt, der durch Nichtanfechtung gültig werden kann, darf der Richter die Eintragung nicht mehr ablehnen, wenn eine Anfechtung nicht mehr möglich ist, oder wenn die Anfechtung keinen Erfolg gehabt hat.[5])

Die gleichen Mittel zum Rechtsschutz des Bezugsrechts bestehen auch für Beschlüsse der Generalversammlung, die dem Kapitalserhöhungsbeschluß vorausgehen; nur kann hier der Schutz durch Versagung der Eintragung insoweit wegfallen, als ein derartiger Beschluß zu seiner Gültigkeit nicht der Eintragung ins Handelsregister bedarf und deshalb nicht eingetragen wird. Ein allgemeiner

---

[5]) Vgl. Staub, Anm. 22 zu § 273; Makower, Anm. V zu § 273. Dort auch nähere Literaturangaben über die vielen damit zusammenhängenden Fragen.

Anfechtungsgrund solcher Beschlüsse wird sich insbesondere aus den oben genannten gesetzlichen Bestimmungen entnehmen lassen, daß mit Wirkung gegen die Gesellschaft das Bezugsrecht vor dem Kapitalserhöhungsbeschluß weder ausgeschlossen noch zugesichert werden kann. Doch wird gerade eine hierauf gestützte Anfechtung, auch wenn sie erfolgreich durchgeführt ist, deshalb praktisch wenig nützen, weil der spätere Kapitalserhöhungsbeschluß die angefochtene Bestimmung ganz einfach bestätigen kann, es sei denn, daß auch dieser Beschluß an sich anfechtbar ist.

Damit haben wir den Rechtsschutz des bedingten Bezugsrechts gegenüber Verletzungen durch Generalversammlungsbeschlüsse betrachtet.

Was den Rechtsschutz des durch den Kapitalserhöhungsbeschluß unbedingt gewordenen Bezugsrechts gegenüber Beschlüssen der Generalversammlung angeht, so ist auch hier auf die im ersten Kapitel dargelegte Rechtsnatur des Bezugsrechts zurückzuverweisen. Das unbedingte Bezugsrecht ist ein Sonderrecht der Aktionäre und nach der Geltendmachung durch „Stellung des Verlangens" ein reines Gläubigerrecht des Aktionärs. In seiner Eigenschaft als Sonderrecht findet darauf die Bestimmung des § 35 BGB. Anwendung, wonach Sonderrechte der Mitglieder ihnen nicht ohne ihre Zustimmung durch Beschluß der Mitgliederversammlung entzogen werden können. Ein Generalversammlungsbeschluß also, der gegen ein den Aktionären in einem früheren Kapitalserhöhungsbeschluß eingeräumtes Bezugsrecht verstoßen wollte, bedürfte der Zustimmung aller der Aktionäre, denen das Bezugsrecht entzogen werden soll.[6]) Daraus folgt, daß, wenn ein Beschluß der Generalversammlung den Aktionären ihr früher entstandenes Bezugsrecht entziehen oder schmälern würde, dies jeden Aktionär, der nicht eingewilligt hat, zur Anfechtung nach § 271 HGB. berechtigen würde. Aber noch mehr. Der § 35 BGB. ist zwingender Natur.[7]) Daher ist eine solche Entziehung oder Schmälerung des Bezugsrechts den nicht einwilligenden Aktionären gegenüber sogar nichtig und sie bedürfen zur Erhaltung ihres Bezugsrechts nicht der Anfechtungsklage, sondern können mit Hilfe der gewöhnlichen Rechtsmittel die Nichtigkeit geltend machen. Allerdings die Nichtigkeit kann immer nur soweit geltend gemacht werden, als einzelne Aktionäre nicht zugestimmt haben. Ob der Beschluß, der das Bezugsrecht entzieht oder schmälert im ganzen nichtig ist, bemißt sich zufolge § 139

[6]) Vgl. auch RG. Bd. 51 S. 91, Bd. 37 S. 62 f.

[7]) Staudinger, Anm. VIII zu § 35 BGB.

BGB. darnach, ob anzunehmen ist, daß der Ausschluß des Bezugsrechts auch dann gewollt wäre, wenn einzelne Aktionäre die ihnen gegenüber bestehende Nichtigkeit geltend machen sollten. Beispiel: Wenn die Generalversammlung beschließt, das in einem früheren Kapitalserhöhungsbeschluß statuierte Bezugsrecht der Aktionäre soll wegfallen und es widerspricht dem eine kleine Minderheit, so kann die letztere geltend machen, das Bezugsrecht könne ihnen nicht entzogen werden, da sie nicht zugestimmt hätten. Insoweit sie dies geltend machen, ist nun der Generalversammlungsbeschluß nichtig und diesen Aktionären ist das Bezugsrecht trotz des Generalversammlungsbeschlusses einzuräumen. Eine andere Frage aber ist es, ob der Generalversammlungsbeschluß im ganzen als ungültig zu erklären ist. Hier greift § 139 BGB. ein. Im vorliegenden Fall kann der Richter sehr wohl annehmen, daß der Ausschluß des Bezugsrechts gewollt war, obwohl er nichtig war, soweit er sich auf die Nichtzustimmenden bezog. Daher kann der Richter diesen Teil des Beschlusses als gültig bestehen lassen und hat nicht den ganzen Beschluß für nichtig zu erklären. Es ist dies stets von Fall zu Fall zu würdigen. Soweit ein derartiger Beschluß nichtig ist, wirkt dies nicht bloß zwischen dem betreffenden Aktionär und der Gesellschaft, sondern nach den allgemeinen Grundsätzen über nichtige Rechtsgeschäfte für und gegen alle Aktionäre, wie für und gegen jeden Dritten.[8])

Nach der Geltendmachung des Bezugsrechts durch „Stellung des Verlangens" ist dasselbe ein reines Gläubigerrecht geworden. Da der Bezugsberechtigte dann der Gesellschaft wie jeder Dritte gegenübersteht, der eine Forderung gegen die Gesellschaft hat, so ist es selbstverständlich, daß ein einseitiger Beschluß der Generalversammlung das Bezugsrecht ihm nicht mehr entziehen kann. Auch hier gilt, daß nur ein Verzicht die Entziehung des Bezugsrechts wirksam machen könnte.

Für die Praxis werden übrigens alle bisher behandelten Fragen kaum eine große Bedeutung haben, da der Fall ziemlich selten vorkommen dürfte, daß eine Aktiengesellschaft ein einmal beschlossenes Bezugsrecht wieder aufhebt. —

Wichtiger ist nun der **Rechtsschutz des Bezugsrechts gegen Verletzungen, die nicht durch Generalversammlungsbeschlüsse zustande kommen.**[9]) Es handelt sich hier

---

[8]) **Staudinger**, Einleitung zum dritten Abschnitt des 1. Buches BGB., V E 2b, S. 394.

[9]) Vgl. hiezu im allgemeinen: **Staub**, Anm. 10 zu § 282; **Makower**, Anm. Vb zu § 282; **Pinner**, Anm. III zu § 282; **Lehmann-**

hauptsächlich um die Fälle, in denen das von der Generalversammlung definitiv beschlossene Bezugsrecht gegenüber einzelnen Aktionären verletzt wird, durch Zuteilung der Aktien an andere, nicht bezugsberechtigte Personen. Hier kann sich der Aktionär, solange die Zeichnung auf die neuen Aktien noch nicht beendet ist, schützen durch eine gegen die Gesellschaft gerichtete Klage. Daß das Bezugsrecht ein klagbares Recht ist, ergibt sich aus dem allgemeinen Prinzip des BGB., daß aus jedem Schuldverhältnis eine Klage entspringt,[10]) soweit nicht die Klagbarkeit durch das Gesetz besonders ausgeschlossen ist, was hier nicht der Fall ist. Die Klage ist gegen die Gesellschaft, vertreten durch den Vorstand, zu richten, und enthält den Antrag, die Gesellschaft zur Zuteilung der neuen Aktien an den bezugsberechtigten Aktionär in Höhe des ihm eingeräumten Bezugsrechts zu verurteilen. Sachlich zuständig wird für die Klage in der Regel das Landgericht sein, da der Wert des Streitgegenstandes die Höhe von 600 Mk. wohl regelmäßig überschreiten wird (§§ 23 Ziff. 1, 70 Abs. 1 GVG.). Örtlich zuständig ist nach § 17 ZPO. das Gericht des Ortes, wo die Gesellschaft ihren Sitz hat, d. h. im Zweifel des Ortes, wo die Verwaltung der Aktiengesellschaft geführt wird. — In der Klageerhebung liegt natürlich, genau wie in der anderweitigen Geltendmachung des Bezugsrechts zugleich die Verpflichtung des Aktionärs zur Abnahme und Bezahlung der neuen Aktien begründet. Daher kann die Gesellschaft nach dem früher Gesagten[11]) auf Grund des § 273 BGB. die Einrede des Zurückbehaltungsrechts geltend machen. Die Wirkung dieser Einrede ist nach § 274 BGB. die, daß die Gesellschaft zur Lieferung der Aktien Zug um Zug gegen Leistung der darauf entfallenden Einlage verurteilt wird. — Zur Sicherung seines gefährdeten Anspruchs kann der Bezugsberechtigte übrigens auch eine einstweilige Verfügung nach § 935 ZPO. gegen die Gesellschaft erwirken. Als Maßregel zur Sicherung wird er dabei zweckmäßig beantragen, der Gesellschaft die Begebung von Aktien an Nicht-Bezugsberechtigte insoweit zu verbieten, als dadurch sein Bezugsrecht beeinträchtigt werden könnte. Es ist nach § 938 ZPO. freies Ermessen des Gerichts, welche Maßregeln es zur Durchführung des Zwecks einer einstweiligen Verfügung für

Ring, Nr. 7 zu § 282; Lehmann Bd. II S. 466; alle im wesentlichen untereinander und auch mit der im Text vertretenen Ansicht übereinstimmend.

[10]) Staudinger, Vorbemerkungen zum Recht der Schuldverhältnisse I 9, S. 13.

[11]) Oben Kap. V S. 41.

erforderlich erachtet. Eine Verfügung mit dem angegebenen Inhalt wird den Zweck wohl am besten erreichen.

Diese beiden Rechtsbehelfe hat der Aktionär nun solange, als überhaupt noch neu zu emittierende Aktien nicht gezeichnet sind. Es steht ihm aber noch ein weiterer Rechtsbehelf zu, solange der Erhöhungsbeschluß nicht ins Handelsregister eingetragen ist. Vor dieser Eintragung können ja nach § 287 Abs. 1 HGB. weder Aktien noch Interimsscheine auf das zu erhöhende Kapital gültig ausgegeben werden. Daher kann der Bezugsberechtigte in diesem Fall auch darauf klagen, daß bei der Anmeldung der erfolgten Erhöhung des Grundkapitals zur Eintragung nach § 284 HGB., bei der ja auch Duplikate der Zeichnungsscheine, sowie ein Verzeichnis der Zeichner einzureichen ist, seine Zeichnung in der erwähnten Weise berücksichtigt wird unter Hintansetzung einer Zeichnung, die von Nicht-Bezugsberechtigten geschehen ist und auch zur Sicherung dieses Anspruchs kann sich der Aktionär des Mittels der einstweiligen Verfügung bedienen.[12]) Dagegen ist nicht anzunehmen, daß das Registergericht ex officio darüber zu wachen hat, daß bei der Zeichnung die Bezugsrechte der Aktionäre berücksichtigt werden. Der Registerrichter hat die erfolgte Erhöhung des Grundkapitals einzutragen, wenn ihm nachgewiesen wird, daß sämtliche neu auszugebenden Aktien gezeichnet sind. Er ist in der Regel gar nicht in der tatsächlichen Lage, zu prüfen, ob die Zeichner auch bezugsberechtigt sind (so namentlich, wenn es sich um Inhaberaktien handelt), aber auch wenn er dazu in der Lage wäre, wäre eine Verpflichtung zur Nachprüfung nicht vorhanden. Der Grund hiefür ist der, daß das Bezugsrecht ein verzichtbares Recht ist. § 282 HGB. sagt, dem Aktionär muß „auf sein Verlangen" ein verhältnismäßiger Teil der neuen Aktien zugeteilt werden. Daraus resultiert, daß in der Nichtstellung des Verlangens innerhalb der Bezugsfrist ein stillschweigender Verzicht des Aktionärs gesehen werden muß. Daher ist das Registergericht, selbst wenn ihm bekannt ist, daß die Namen der Zeichner nicht mit denen der Bezugsberechtigten übereinstimmen, nicht verpflichtet und auch nicht berechtigt, die Eintragung solcher Zeichnungen zurückzuweisen; denn das Gericht muß für diesen Fall einen Verzicht der Aktionäre auf ihr Bezugsrecht annehmen und es wird Sache der Aktionäre sein, das Gegenteil darzutun. Dazu kommt noch, daß auch der § 284 HGB. keineswegs vorschreibt, daß bei der Anmeldung der erfolgten

---

[12]) Staub, Anm. 10 zu § 282.

Grundkapitalserhöhung die Gesellschaft über die Erfüllung ihrer Verpflichtungen aus § 282 Beilagen beizufügen hat.[13])

Wenn nun die Organe der Gesellschaft (Mitglieder des Vorstands oder des Aufsichtsrats) die Zeichnung von Nicht-Bezugsberechtigten unter Verletzung des Bezugsrechts der Aktionäre zugelassen haben und diese Zeichnung eingetragen ist, so ist die erfolgte Eintragung und Zuteilung gültig und der Aktionär hat wegen der Verletzung seines Bezugsrechts nur mehr einen Schadensersatzanspruch gegen die Gesellschaft. Dieser Schadensersatzanspruch gründet sich auf §§ 276, 31 BGB. Der Schadensersatz wird, da die Naturalrestitution, wie sie § 249 BGB. primär vorschreibt, nicht mehr möglich ist, nach § 251 BGB. in Geld zu leisten sein. Das Reichsgericht hat in einer (allerdings vor Inkrafttreten des neuen HGB. und des BGB. erlassenen) Entscheidung ausgesprochen, daß, wenn das Bezugsrecht einmal endgültig verletzt ist, d. h. durch Eintragung der Zuteilung an einen Nicht-Bezugsberechtigten, daß dann ein nachträgliches Angebot der neuen Aktien an den Bezugsberechtigten zur Entschädigung des letzteren nicht genügend sei und deshalb der Schadensersatzanspruch nur mehr auf den Geldwert des Schadens gerichtet zu sein braucht.[14]) Voraussetzung dieses Schadensersatzanspruchs ist nun aber, daß der Bezugsberechtigte innerhalb der Bezugsfrist das Bezugsrecht durch „Stellung des Verlangens" geltend gemacht hat. Denn in der Versäumung der Bezugsfrist ist ein Verzicht auf das Bezugsrecht zu erblicken.

Die Gesellschaft kann nun, wenn sie zur Leistung des Schadensersatzes verurteilt wird, ihrerseits gegen die Mitglieder des Vorstands und Aufsichtsrats, die die zum Schadensersatz verpflichtende Bezugsrechtsverletzung vornahmen, nach §§ 241, 249 HGB. Regreß nehmen.

Der Aktionär kann übrigens seinen Schadensersatzanspruch auch gegen den Vorstand bzw. Aufsichtsrat persönlich richten, und zwar gründet sich, falls diese vorsätzlich das Bezugsrecht verletzt haben, ihre Ersatzpflicht auf § 826 BGB.; falls sie nur zufolge einer Fahrlässigkeit das Bezugsrecht des Aktionärs verletzt haben, könnte man eine Ersatzpflicht auf Grund des § 823 Abs. 2 BGB. konstruieren, d. h., wenn man annimmt, daß der § 282 HGB. ein den Schutz des Aktionärs bezweckendes Gesetz ist.[15]) —

---

[13]) Pinner, Anm. III zu § 282.

[14]) Bolze, „Die Praxis des Reichsgerichts in Zivilsachen", Bd. 12, 1892, Nr. 508 S. 285.

[15]) Vgl. Staub, Anm. 10 zu § 282.

Etwas modifiziert werden nun alle diese Rechtssätze über den Schutz des Bezugsrechts gegen Verletzungen bei der Zuteilung, für den Fall das Bezugsrecht formell ausgeschlossen war, die Aktie alle von einem Emissionskonsortium übernommen wurden, jedoch unter Eingehung der Verpflichtung, die Bezugsrechte der Aktionäre zu berücksichtigen. Eine solche Art der Emission ist natürlich nur auf Grund einer ausdrücklichen Bestimmung im Kapitalserhöhungsbeschluß möglich. Es fallen daher die Rechtsbehelfe fort, welche auf die Verhinderung der Eintragung eines nicht berechtigten Zeichners ins Handelsregister hinauslaufen. Dem Registergericht gegenüber sind nur die Teilnehmer an dem Emissionskonsortium die berechtigten Zeichner und da das Bezugsrecht der Aktionäre formell ausgeschlossen wurde, haben sie keinerlei Mittel, die Eintragung der Zeichnung durch das Emissionskonsortium zu verhindern. Es wird aber in solchen Fällen dann regelmäßig nicht etwa von einer Zeichnung durch diejenigen abgesehen, an welche das Emissionskonsortium die von ihm übernommenen Aktien anbietet, sondern gewöhnlich werden die Aktionäre, deren Bezugsrecht ja praktisch erhalten werden soll, durch Vorstand und Aufsichtsrat zur Zeichnung der neuen Aktien aufgefordert. Ob nun diese Zeichnung durch einen Zeichnungsschein zu erfolgen hat, der den Vorschriften des § 281 HGB. entspricht, ist eine Frage für sich. Jedenfalls muß ein solcher Zeichnungsschein die Verpflichtung des zeichnenden Aktionärs zur Übernahme von Aktien enthalten.

Die vertragliche Übernahme der Wahrung der Bezugsrechte der Aktionäre durch das Emissionskonsortium gegenüber der Gesellschaft ist aufzufassen als ein Vertrag zugunsten eines Dritten, nämlich zugunsten des bezugsberechtigten Aktionärs. Es ist anzunehmen, daß aus diesem Vertrag ein direktes Forderungsrecht der Aktionäre gegenüber dem Emissionskonsortium entstehen soll; denn es soll dies ja der Zweck dieses ganzen Vertrags auf Wahrung der Bezugsrechte sein. Vgl. § 328 Abs. 2 BGB. Soweit daher das Emissionskonsortium sich eine Verletzung des Bezugsrechts der Aktionäre zuschulden kommen läßt, können diese durch Klage und einstweilige Verfügung in ähnlicher Weise, wie wenn ihnen das Bezugsrecht gegen die Gesellschaft selbst zustünde, gegen das Konsortium vorgehen. Und zwar ist eine solche Klage solange zulässig, als überhaupt noch zu emittierende Aktien vorhanden sind. Wir haben oben gesehen, daß, wenn die Aktiengesellschaft selbst die Emission der Aktien übernimmt und Bezugsrechte verletzt, daß in diesem Fall der Anspruch des Bezugsberechtigten auf die neuen Aktien **dann** aufhört (und durch den Schadensersatzanspruch ersetzt wird), wenn die Eintragung der Zeichnung durch die Nicht-Bezugsberechtigten erfolgt ist. Selbst wenn dann die Aktien **tatsächlich** noch nicht begeben sind, kann der Bezugsberechtigte doch die Begebung an die Zeichner nicht mehr hindern. Denn durch die Eintragung ist die Zeichnung der Nicht-Bezugsberechtigten gültig geworden. Anders hier: Da es hier an einer Eintragung der Zeichnung fehlt, kann der Aktionär auf alle von den Nicht-Bezugsberechtigten gezeichneten Aktien, die noch vorhanden sind, Beschlag legen und erst dann, wenn diese tatsächlich begeben sind, ist die Zeichnung als definitiv gültig zu erachten. **Dann** bleibt ihm nur mehr der Schadensersatzanspruch. Voraussetzung desselben ist natürlich auch hier, daß er sein Bezugsrecht durch Stellung des Verlangens gegenüber dem Konsortium innerhalb der Bezugsfrist geltend gemacht hat.

Nun hat aber in diesem Fall der Emission durch ein Konsortium nicht nur der Aktionär, sondern auch **die Aktiengesellschaft selber** im Zweifel ein Recht, gegenüber Verletzungen des Bezugsrechts einzuschreiten, und zwar gründet sich dies auf § 335 BGB. Das Mittel zur Durchführung dieses Rechts ist eine Klage gegen das Konsortium auf Wahrung der Bezugsrechte der Aktionäre. Möglich ist auch hier eine einstweilige Verfügung; eventuell kann auch ein Schadensersatzanspruch der Aktiengesellschaft gegen das Konsortium daraus erwachsen.

IX. Kapitel.

Das außerordentliche Bezugsrecht.

Der Ausdruck „außerordentliches Bezugsrecht" ist von Cosack[1]) geprägt worden. Man versteht darunter **das Bezugsrecht von Nichtaktionären**. Die darauf bezüglichen Rechtssätze bilden den hauptsächlichen Inhalt des § 283 HGB. Allerdings bezieht sich dieser Paragraph auch auf das ordentliche Bezugsrecht und soweit dies der Fall ist, wurde sein Inhalt schon gelegentlich auseinandergesetzt. Doch soll hier des Zusammenhangs wegen immer hervorgehoben werden, inwieweit sich der § 283 auch auf das ordentliche Bezugsrecht erstreckt. Die praktisch wichtigste Anwendung des § 283 ist aber die auf das außerordentliche Bezugsrecht.

Es wurde schon dargelegt, daß, insoweit die Aktionäre von ihrem Bezugsrecht keinen Gebrauch machen, die Gesellschaft in der

[1]) Cosack S. 779 c.

Zuteilung der Aktien freie Hand hat und dann beliebige Personen zur Zeichnung der neuen Aktien zulassen kann. Es steht auch nichts im Wege, daß gleichzeitig mit der nach § 282 HGB. erforderlichen Veröffentlichung von Bezugsfrist und Bezugspreis für die Aktionäre auch die Bedingungen veröffentlicht werden, unter welchen Nichtaktionäre die Aktien beziehen können, die von den Aktionären nicht bezogen wurden. Es kann sogar in dieser Veröffentlichung schon eine Zeichnungsaufforderung an die Allgemeinheit enthalten sein, doch ist selbstverständlich, daß diese Aufforderung nur eine Eventualbedeutung hat; die Zeichnungen der Nichtaktionäre können erst berücksichtigt werden, wenn und insoweit die Aktionäre von ihrem Bezugsrecht keinen Gebrauch gemacht haben. Daraus folgt, daß, wenn keine Frist für die Ausübung des Bezugsrechts bestimmt wurde, wohl aber eine Frist für die Zeichnung der nicht Bezugsberechtigten, daß dann die Zeichnung für die Bezugsberechtigten nicht geschlossen werden darf, vor Ablauf der für die Allgemeinheit gesetzten Frist; denn sonst wäre dies eine willkürliche Einengung des ordentlichen Bezugsrechts, die dem Gesetz widersprechen würde.[2])

Schon hieraus geht hervor, daß das allgemeine Prinzip ist: Das außerordentliche Bezugsrecht hat gegen das ordentliche zurückzutreten. Diesen leitenden Grundsatz bringt § 283 HGB. zum Ausdruck.

Der Absatz 2 des genannten Paragraphen verbietet jede Zusicherung eines Bezugsrechts — sei es eine einseitige Zusicherung durch Organe der Gesellschaft, oder (wie es wohl regelmäßig der Fall sein wird) ein Zusicherungsvertrag[3]) — vor dem Kapitalserhöhungsbeschluß. Wenn das Gesetz dabei die Wendung gebraucht, eine Zusicherung zu einem derartigen Zeitpunkt sei „der Gesellschaft gegenüber" unwirksam, so will damit gesagt sein: „Für und gegen die Gesellschaft",[4]) d. h. eine derartige Zusicherung hat auf Seiten der Gesellschaft überhaupt keine Wirkung. — Dabei ist es gleichgültig, ob diese frühere Zusicherung im Statut erfolgte, oder in einem dem Kapitalserhöhungsbeschluß vorhergehenden Generalversammlungsbeschluß, oder ob etwa Vorstand oder Aufsichtsrat eine derartige Zusicherung erteilten. Was den

---

[2]) Vgl. Staub, Anm. 7 zu § 282; Makower, Anm. IV zu § 282; Denkschrift S. 157 bei Hahn-Mugdan S. 321.

[3]) Makower, Anm. II zu § 283; Denkschrift S. 157 bei Hahn-Mugdan S. 321.

[4]) Staub, Anm. 2 zu § 283; Makower, Anm. Va zu § 283; vgl. auch RG. Bd. 68 S. 242.

Vorstand angeht, so liegt hier eine gesetzliche Beschränkung seiner Vertretungsbefugnis vor, auf die daher die Bestimmung des § 235 Abs. 2 HGB. nicht anwendbar ist, so daß jeder Dritte diese Beschränkung unter allen Umständen gegen sich gelten lassen muß.[5]) Mitglieder des Aufsichtsrats können zu einer solchen Zusicherung überhaupt nur befugt sein, wenn sie gemäß § 248 Abs. 2 HGB. zu zeitweiligen Vertretern von Vorstandsmitgliedern bestellt sind. Insoweit finden dann auf sie die Vorschriften über den Vorstand Anwendung.[6])

Natürlich besteht nun die Möglichkeit, daß der später nachfolgende Kapitalserhöhungsbeschluß das zugesicherte Bezugsrecht bestätigt. Aber wenn er dies nicht tut, so entsteht weder auf Seite der Gesellschaft, noch auf Seite eines zusichernden Vorstands- oder Aufsichtsratsmitglieds eine Verpflichtung zum Schadensersatz; denn der Dritte, dem gegenüber die Zusicherung abgegeben wurde, mußte wissen, daß diese der Gesellschaft gegenüber wirkungslos war. Was insbesondere eine Zusicherung von Seiten des Vorstands angeht, so hat er nach dem oben Gesagten dadurch als Vertreter ohne Vertretungsmacht gehandelt. Das Fehlen der Vertretungsmacht mußte der Dritte kennen. Daher ist nach § 179 Abs. 3 BGB. eine Haftung des Vorstands nicht entstanden. Nur wenn er freiwillig eine Haftung dafür übernommen hätte, daß der Zusicherungsvertrag genehmigt wird, könnte er, falls die Genehmigung nicht erfolgt, zum Schadensersatz verpflichtet sein.[7]) Die Organe der Gesellschaft können einen derartigen Vertrag auch nicht etwa unter der Bedingung abschließen, daß der Kapitalserhöhungsbeschluß ihn bestätigt. Ein solcher Vertrag wäre nichtig.[8]) Dagegen wäre es möglich, daß in einem solchen Vertrag der Dritte, dem die Bezugszusicherung erteilt wird, sich einseitig zu gewissen Leistungen verpflichtet, für den Fall der Vertrag durch den Kapitalserhöhungsbeschluß genehmigt wird. Wenn dann der Erhöhungsbeschluß den Vertrag bestätigt, so ist die Gesellschaft, auf Grund des Beschlusses, zur Befriedigung des in dem zugesicherten Bezugsrecht liegenden Anspruchs verpflichtet, der Dritte ist zu den vertraglich übernommenen Leistungen verpflichtet, so insbesondere, falls er sich zur Zeichnung und Bezahlung der neuen Aktien verpflichtet hat, zu diesen. Allerdings ist dies bezüglich der Zeichnungsverpflichtung

---

[5]) Vgl. Lehmann-Ring Nr. 1 zu § 283, Nr. 4 zu § 235.

[6]) Staub, Anm. 5 zu § 248; Makower, Anm. 2c zu § 248.

[7]) Staub, Anm. 2 zu § 283; Lehmann-Ring Nr. 1 zu § 283; Pinner, Anm. II 1 zu § 283.

[8]) Vgl. Staub, Anm. 2 zu § 283 und RG. bei Holdheim Bd. 15 S. 245.

des Dritten nicht unbestritten. Das Reichsgericht nimmt an, daß, da die Zeichnung an eine bestimmte gesetzlich vorgeschriebene Form gebunden ist, ein formloses Abkommen (Vorvertrag) über die Zeichnung ungültig ist.[9]) Diese Ansicht wird in der Theorie nicht überall geteilt und die besseren Gründe dürften wohl gegen die Reichsgerichtstheorie sprechen;[10]) ist ja doch auch bei vielen anderen formbedürftigen Verträgen die Möglichkeit eines formlosen Vorvertrags unbestritten, z. B. beim sogen. Wechselschluß (pactum de cambiando).

Diese ganzen Vorschriften nun über die Zusicherung von Bezugsrechten vor dem Kapitalserhöhungsbeschluß gelten nicht nur, insoweit das Bezugsrecht an Dritte zugesichert wird, sondern auch für die Zusicherung von Bezugsrechten an Aktionäre selbst. Das Gesetz hat in dieser Hinsicht ganz allgemein jede Zusicherung, gleichgültig wem gegenüber sie erfolgt, für unwirksam erklärt. Daraus ist die wichtige Konsequenz zu ziehen, daß durch einen solchen Zusicherungsvertrag vor dem Erhöhungsbeschluß dem Aktionär nicht etwa die Stimmberechtigung für den Kapitalserhöhungsbeschluß genommen wird, wie dies nach § 252 Abs. 3 HGB. eigentlich zu erwarten wäre, da der Vertrag ja nach dem oben Gesagten unwirksam ist.[11]) —

Wenn nun die Kapitalserhöhung von der Generalversammlung beschlossen wird, so kann, wie § 283 Abs. 1 HGB. sagt, ein Bezugsrecht an Dritte nur gewährt werden „unter Vorbehalt des in § 282 bezeichneten Rechts der Aktionäre". Das heißt also: Eine solche Zusicherung muß das gesetzliche Bezugsrecht der Aktionäre berücksichtigen. Da aber, wie wir gesehen haben, die Generalversammlung bei Erhöhung des Grundkapitals in der Lage ist, das gesetzliche Bezugsrecht auszuschließen oder zu modifizieren, so kann der Sinn des § 283 Abs. 1 nur der sein, daß eine gleichzeitig mit dem Kapitalserhöhungsbeschluß oder nachher erfolgende Bezugszusicherung an Dritte das ordentliche Bezugsrecht der Aktionäre insoweit respektieren muß, als der Kapitalserhöhungsbeschluß dasselbe aufrecht erhält. Der Ausschluß des gesetzlichen Bezugsrechts der Aktionäre braucht übrigens nicht ausdrücklich im Erhöhungsbeschluß ausgesprochen zu sein. In der Einräumung des Bezugsrechts an andere im Erhöhungsbeschluß ist

---

9) RG. Bd. 43 S. 139, Bd. 50 S. 48.

10) Vgl. Staub, Anm. 2 zu § 283, Anm. 10 zu § 281, Anm. 34 zu § 182.

11) Vgl. Staub, Anm. 2 zu § 283; RG. bei Holdheim Bd. 15 S. 245.

dieser Ausschluß implicite enthalten, so insbesondere, wenn eine Fusion oder eine Ausgabe von Aktien gegen Nichtbareinlage beschlossen wird.[12]) Hat es der Kapitalserhöhungsbeschluß ganz ausgeschlossen, ohne über die anderweitige Begebung etwas zu bestimmen, so hat der Vorstand als das gesetzliche Organ der Aktiengesellschaft bei der Begebung der Aktien insoweit freie Hand und kann Bezugszusicherungen insoweit beliebig erteilen, als dies nach seinem pflichtgemäßen Ermessen mit den Interessen der Gesellschaft vereinbar ist. Hat die Generalversammlung dem Vorstand bezüglich der Modalitäten der Zusicherung Vorschriften erteilt, so hat er sie nach § 235 HGB. zu beobachten, aber die Beschränkungen wirken nur im Verhältnis zwischen ihm und der Gesellschaft. Nach außenhin üben sie keine Wirkung aus.[13]) Dabei braucht der Vorstand mit der Zusicherung derartiger Bezugsrechte nicht zu warten, bis der Erhöhungsbeschluß durch Eintragung gültig geworden ist; denn da § 285 HGB. gestattet, daß die Eintragung des Erhöhungsbeschlusses hinausgeschoben werden darf, bis die Kapitalserhöhung tatsächlich erfolgt ist, und dann zusammen mit dieser eingetragen werden kann, so ist daraus zu entnehmen, daß der Vorstand alle Maßregeln, die zur Kapitalserhöhung notwendig sind, schon vornehmen darf, bevor der Erhöhungsbeschluß eingetragen ist — ausgenommen die eigentliche Emission der Aktien bzw. Interimsscheine selbst, weil dem die Vorschrift des § 287 Abs. 1 HGB. entgegensteht. Wird allerdings die Eintragung des Kapitalserhöhungsbeschlusses vom Registergericht abgelehnt, so wird die vom Vorstand erteilte Bezugsrechtszusicherung nichtig und sie muß daher von vorneherein so ausgelegt werden, daß die nachfolgende Eintragung ihr als stillschweigende Bedingung ihrer Gültigkeit innewohnt.[14]) Natürlich kann die Generalversammlung auch ein anderes Organ mit der Zusicherung der Bezugsrechte betrauen, so insbesondere den Aufsichtsrat.[15])

Soweit nun der Kapitalserhöhungsbeschluß das gesetzliche Bezugsrecht der Aktionäre aufrecht erhält, insoweit ist eine entgegenstehende Zusicherung von Bezugsrechten an Dritte nichtig. Würden Vorstandsmitglieder derartige Zusicherungen geben, so würden sie in dieser Beziehung als Vertreter ohne Vertretungsmacht handeln und es würden die hiefür oben aufgestellten Rechtssätze gelten.[16])

---

[12]) Vgl. oben Kap. VII S. 57 ff.

[13]) Pinner, Anm. II, III zu § 283.

[14]) Staub, Anm. 1 zu § 283, Anm. 1 zu § 285.

[15]) Lehmann-Ring Nr. 2 zu § 283.

[16]) Staub, Anm. 1 zu § 283; Makower, Anm. V b zu § 283; Pinner, Anm. II 2 zu § 283.

Nichtsdestoweniger bliebe aber eine unter Verletzung des gesetzlichen Bezugsrechts bereits vorgenommene Aktienausgabe, wie wir oben gesehen haben,[17]) gültig.

Alle diese Rechtsregeln über die nach dem Kapitalserhöhungsbeschluß oder gleichzeitig mit ihm erfolgte Zusicherung von Bezugsrechten an Dritte gelten auch für die Zusicherung an Aktionäre insoweit, als ihnen ein über ihr gesetzliches Bezugsrecht hinausgehendes Bezugsrecht zugesichert wird. —

Wenn nun ein außerordentliches Bezugsrecht durch zulässige Zusicherung gültig entstanden ist, so hat es für den Berechtigten denselben Inhalt, wie für den bezugsberechtigten Aktionär das unbedingte Bezugsrecht. Es ist genau wie dieses eine auf die Einräumung von Mitgliedschaftsrechten gerichtete Forderung. Es ist für den Dritten von Anfang an ein reines Gläubigerrecht und ist deshalb selbstverständlich ein durch nachfolgende Beschlüsse der Generalversammlung unentziehbares Recht. — Es ist ein veräußerliches und vererbliches Recht, in genau demselben Rahmen wie das ordentliche Bezugsrecht. — Zu seiner Geltendmachung gegenüber der Gesellschaft fehlen allerdings die Legitimationsmittel, wie beim ordentlichen Bezugsrecht, da der Dritte ja noch nicht Aktionär der Gesellschaft ist, bzw. falls er es ist, das außerordentliche Bezugsrecht nicht aus seinem bisherigen Aktienbesitz fließt. Es werden also hier zur Geltendmachung die allgemeinen Legitimationsmittel herangezogen werden müssen, insbesondere, eine etwa von der Gesellschaft ausgestellte Bestätigung über das zugesicherte Bezugsrecht. — Die für das ordentliche Bezugsrecht wichtige Frage, ob das Bezugsrecht dem Nießbraucher, bzw. Pfandgläubiger oder dem Aktieneigentümer zusteht, spielt hier selbstverständlich keine Rolle, ebenso alle andern Fragen, die beim ordentlichen Bezugsrecht daran anknüpfen, daß dasselbe an bereits vorhandenen Aktienbesitz gebunden ist. — Der Stellung des außerordentlichen Bezugsrechts bei der Fusion und der Gewährung von Aktien gegen Sacheinlage wurde schon gedacht. Bei Ausgabe von Vorzugsaktien, wie bei der Zusammenlegung von Aktien kann natürlich auch Dritten ein Bezugsrecht zugesichert werden. Dagegen ist die Einräumung des Bezugsrechts auf Gratisaktien an Dritte unmöglich, da ja auch die Verteilung einer Extradividende an Nichtaktionäre unmöglich ist. Insoweit Schenkungen aus dem Vermögen der Aktiengesellschaft zulässig sind, können diese ja auch in eigenen Aktien der Gesellschaft bestehen, die diese auf irgendeinem Wege in Händen hat,

[17]) Oben Kap. VIII S. 81.

doch ist dies selbstverständlich keine Ausgabe von Gratisaktien. Es ist überhaupt keine Emission. — Was endlich den Rechtsschutz des außerordentlichen Bezugsrechts angeht, so ist der auf gültigem Weg zu einem außerordentlichen Bezugsrecht Gelangte im großen und ganzen durch dieselben Rechtsmittel geschützt, wie der Bezugsberechtigte Aktionär nach dem Kapitalserhöhungsbeschluß.

X. Kapitel.

Anhang: Das Bezugsrecht auf Wertpapiere, die nicht Aktien sind.

Es wurde zu Anfang gesagt, die Erhöhung des Grundkapitals der Aktiengesellschaft erfolge durch Ausgabe neuer Aktien. Es ist dies der einzige Weg, das Grundkapital zu erhöhen, aber es ist nicht der einzige Weg, das Kapital der Gesellschaft überhaupt zu vergrößern. Die Gesellschaft kann zu diesem Zweck, wie jeder private Geschäftsmann, auch den Weg der Kontrahierung einer Schuld beschreiten. Eine besondere Form der Schuldenkontrahierung ist die Ausgabe von Schuldverschreibungen auf den Inhaber, in welchen die Gesellschaft die Rückzahlung der geliehenen Summe, sowie die Verzinsung derselben verspricht; die allgemeine Bezeichnung für diese Schuldverschreibungen ist Obligationen, sei es nun, daß diese Prämien- oder Lotterieanleihen, sogen. Prioritätsobligationen oder Pfandbriefe sind.[1])

Die Aktiengesellschaft kann nun auch auf derartige Wertpapiere ihren Aktionären ein Bezugsrecht einräumen. Der Inhalt eines solchen Bezugsrechts ist ein Forderungsrecht auf den Erwerb einer derartigen Obligation, d. h. auf den Erwerb einer Gläubigerstellung. In seinem Charakter als Forderungsrecht gleicht es also dem Aktienbezugsrecht. Auch im übrigen lassen sich gewisse Rechtsgrundsätze über das Aktienbezugsrecht hier anwenden, während andere wieder infolge des anderen Inhalts dieses Forderungsrechts und infolge des Fehlens einer gesetzlichen Regelung hier nicht Platz greifen können. Im folgenden soll hierüber das Wichtigste kurz zusammengestellt werden.

Was vor allem die Einräumung eines solchen Bezugsrechts angeht, so steht nichts im Wege, derartige Bezugsrechte schon im Statut der Gesellschaft zuzusichern. Sie können ferner jederzeit durch Generalversammlungsbeschluß festgesetzt werden, und zwar kann dies auch wirksam durch einen Beschluß geschehen, der dem Beschluß über die Emission der Obligationen vorangeht. Wenn der

---

[1]) Vgl. hiezu im allgemeinen Lehmann Bd. II §§ 91 und 92 S. 475 ff.

Beschluß über die Ausgabe der Obligationen keine Bestimmungen über die Zuteilung desselben enthält, so besteht im Zweifel kein Bezugsrecht auf die Obligationen. — Das Bezugsrecht kann auch als Gründerecht oder Vorrecht nur Einzelner zugesichert werden und der Maßstab für die Verteilung des Bezugsrechts ist ganz der Willkür der Generalversammlung überlassen. Hat diese nichts bestimmt, so hat der Vorstand bei der Verteilung durchaus freie Hand. — Das für die Aktionäre entstandene Bezugsrecht charakterisiert sich dann als reines Gläubigerrecht und ist im Zweifel vererblich und übertragbar. Der Veröffentlichung von Bezugsfrist und Bezugspreis bedarf es nicht, die Bezugsfrist kann gänzlich nach Belieben festgelegt werden. — Für die Legitimation zur Ausübung dieses Bezugsrechts gegenüber der Gesellschaft sind dagegen die Regeln, die für das Aktienbezugsrecht aufgestellt wurden, im großen und ganzen anwendbar. — Die Frage, ob der Nießbraucher oder Eigentümer das Bezugsrecht hat, kann hier in dem nämlichen Sinn beantwortet werden, wie beim Aktienbezugsrecht: Auch ein Bezugsrecht auf Obligationen ist nach dem früher Gesagten unter die Nutzungen des Aktienrechts zu rechnen und daher dem Nießbraucher zuzusprechen. Des weiteren können bezüglich der familienrechtlichen Nutznießung, wie für das Pfandrecht an den das Bezugsrecht gewährenden Aktien, die für das Aktienbezugsrecht geltenden Regeln, angewendet werden. — Der Fall der Fusion ist hier natürlich ausgeschlossen. Dagegen steht nichts im Wege als Entgelt für eine Sacheinlage Obligationen zu gewähren. Mit einer Zusammenlegung von Aktien kann dies Bezugsrecht nur in wirtschaftlichem, nicht aber in rechtlichem Zusammenhang stehen. Denkbar wäre die Ausgabe von Gratisobligationen als besondere Form einer Ausschüttung von Superdividenden. — Auf den Rechtsschutz dieses Bezugsrechts lassen sich im allgemeinen die Regeln wie beim Aktienbezugsrecht anwenden, mit der Maßgabe, daß eine Eintragung der Zeichnung auf die Obligationen nicht erforderlich ist und daher die darauf gegründeten Rechtsbehelfe hier nicht Platz greifen können.

Anlage I.

Prospekt einer Aktienemission.

(Wörtlicher Abdruck, nur die Eigennamen abgekürzt.)

Bekanntmachung.

Erhöhung des Grundkapitals.

In der ordentlichen Generalversammlung unserer Aktionäre vom 3. des Monats wurde folgendes beschlossen:

1. Das Grundkapital ist um Mk. 5 000 000, das ist von Mk. 60 000 000 auf Mk. 65 000 000 durch Ausgabe von 5000 voll einzuzahlenden auf Namen lautenden Aktien zu je Mk. 1000 zu erhöhen. Die neuen Aktien werden unter Ausschluß des unmittelbaren Bezugsrechts der Aktionäre von einem unter Führung des Bankhauses M.... & Co. in M...... stehenden Konsortium übernommen, sind aber im Auftrag dieses Konsortiums durch die B......... Bank den bisherigen Aktionären zum Übernahmekurs in der Weise anzubieten, daß

auf je 14 Aktien à fl. 500	eine neue Aktie à Mk. 1000
oder auf je 12 Aktien à Mk. 1000	
oder auf je 7 Aktien à fl. 500 zusammen mit je 6 Aktien à Mk. 1000	

entfällt. (Dieser Zuteilungsmaßstab berücksichtigt die Einzelaktie mit einem Anspruch von $^{7}/_{84}$stel für eine Markaktie, $^{6}/_{84}$stel für eine Guldenaktie auf eine neue Aktie à Mk. 1000.

2. Diese Erhöhung des Grundkapitals soll binnen Jahresfrist durchgeführt werden. Innerhalb dieser Frist den Zeitpunkt der Durchführung zu bestimmen, bleibt der Direktion und dem Aufsichtsrat überlassen.

3. Direktion und Aufsichtsrat werden ermächtigt, die näheren Bestimmungen über den Emissionstermin, den Emissionskurs, der nicht unter 200% betragen darf, die Einzahlungsfrist, den Beginn der Dividendenberechtigung der neuen Aktien und die sonstigen Modalitäten der Fondsvermehrung zu treffen und beauftragt, für die gehörige Publikation der gefaßten Beschlüsse zu sorgen.

Die Übernahme der neuen Aktien durch das Konsortium ist erfolgt, der Beschluß über die Erhöhung und die erfolgte Erhöhung des Grundkapitals ist bereits ins Handelsregister eingetragen.

Auf Grund der obigen Beschlüsse laden wir hiermit im Auftrage des Übernahmekonsortiums die Herren Aktionäre ein, ihr Bezugsrecht unter folgenden Bedingungen auszuüben:

I. Die Ausübung des Bezugsrechts muß in der Zeit — Bezugsfrist.

vom 5. bis inkl. 22. März a. c. während der üblichen Kassastunden in unserem Bankgebäude (Büro Nr.....) an der ....straße Nr...... in M...... oder bei der Direktion der D...... in F.... erfolgen.

Mit dem 22. März a. c. erlischt dies Bezugsrecht; später einlaufende Anmeldungen können nicht mehr berücksichtigt werden.

Berechtigung zur Ausübung des Bezugsrechts.

II. Zur Ausübung des Bezugsrechts ist derjenige befugt, welcher die Aktie vorzeigt und sein Besitzrecht aus dem Inhalt derselben nachweist. Die Bank ist berechtigt, aber nicht verpflichtet, das Besitzrecht des Vorzeigers zu prüfen.

Formalitäten der Anmeldung.

III. Die Aktien sind ohne Couponsbogen mit einer unterschriebenen Zeichnungserklärung, zu welcher Formulare zur Verfügung stehen, einzureichen. Die Aktien werden nach erfolgter Abstempelung über Ausübung des Bezugsrechts sofort zurückgegeben.

Die Zeichnungserklärung muß Zahl und Nummern der eingereichten Aktien eventuell Bezugsrechtsscheine, arithmetisch geordnet enthalten.

Falls die Umschreibung der neuen Aktien, welche auf den Namen des Bankhauses M. . . . . . . & Co. ausgestellt und von diesem mit Blankoindossament versehen sind, gewünscht wird, ist der Name, auf welchen die neuen Aktien umgeschrieben werden sollen, anzugeben.

Bezugspreis. Dividendenberechtigung und Einzahlung.

IV. Der Kurs, zu welchem die neuen Aktien von Aktionären bezogen werden können, beträgt

255% einschließlich der Emissionskosten.

Die neuen Aktien nehmen ab 1. Juli 1913 — also mit der halben Dividende — am Gesamterträgnis der Bank pro 1913 teil.

Der ausmachende Betrag für die neuen Aktien ist pro Stück mit Mk. 2550 sogleich voll einzuzahlen, worauf der Einreicher die neuen Aktien oder eine Bescheinigung über die anzusprechenden neuen Aktien erhält, gegen deren spätere Rückgabe die neuen Aktien nach Ausfertigung ausgefolgt werden. Für Zahlungen, welche vor 22. März geleistet werden, vergütet die Bank $4\frac{1}{2}$% Zinsen bis 30. Juni 1913 inkl.

Einzelbezugsrechte auf Grund von Aktienbesitz.

V. Bei Einreichung von Aktien, welche sich mit der oben angegebenen Anzahl nicht decken, werden den Aktionären für den verbleibenden Teilbetrag Bezugsrechtsscheine ausgehändigt, ebenso erhalten diejenigen Aktionäre, welche die neuen Aktien nicht beziehen wollen, Bezugsrechtsscheine.

Auch in diesem Fall ist das Besitzrecht aus dem Inhalt der Aktie nachzuweisen, (wobei die Bank berechtigt, aber nicht verpflichtet ist, das Besitzrecht des Vorzeigers der Aktie zu prüfen) und sind die Aktien mit Bordereau, welches Aktienzahl und -Nummern, sowie den Namen des Einreichers enthält, einzureichen.

Anderweitig erworbene Bezugsrechte.

VI. a) Die Einreicher von $^{84}/_{84}$stel Bezugsrecht,

b) sowie diejenigen Einreicher, welche sich als Besitzer von weniger Aktien, als oben angegeben legitimieren, auf welche das Bezugsrecht noch nicht ausgeübt ist, jedoch Bezugsrechtsscheine zur Ergänzung der erforderlichen Bezugsrechtsanzahl besitzen, erhalten nach erfolgter Einzahlung die entfallenden neuen Aktien, oder eine Bescheinigung über die anzusprechenden neuen Aktien.

Präklusivfrist der Bezugsrechtsscheine.

Die Bezugsrechtsscheine sind mit dem Ablauf des 22. März des Jahres ungültig und wertlos.

M. . . . ., den 4. März 1913.

B. . . . . Bank.

Anlage II.

Prospekt einer Aktienemission bei Ausgabe von „Gratisaktien".

(Wörtlicher Abdruck, nur die Eigennamen abgekürzt.)

Bekanntmachung.

Nach Beschluß der Generalversammlung vom 7. März 1914, zu dessen Durchführung der Aufsichtsrat ermächtigt wurde, erhalten die Aktionäre (abgesehen von der gegen Coupon Nr. 1 zur Auszahlung gelangenden 20%igen Dividende) eine einmalige Ausschüttungsquote von 200 Mk. auf jede Aktie.

Jene Aktionäre, welche den Anspruch auf diese Ausschüttungsquote der Gesellschaft als Sacheinlage überlassen, erhalten auf je 5 alte Aktien ohne jede Bareinzahlung (Gebühren zu Lasten der Gesellschaft) eine neue Aktie zu 1000 Mk. mit Dividendenberechtigung erstmals für das Geschäftsjahr 1914.

Aktionäre, welche weniger als 5 Stück Aktien besitzen, oder ihr Bezugsrecht veräußern wollen, erhalten für jede alte Aktie einen Bezugsrechtschein auf $^1/_5$ neue Aktie; diese Bezugsrechtsscheine können verwertet werden durch Veräußerung oder Ergänzung auf $^5/_5$ tel Bezugsrechte durch Zukauf; zur Vermittlung sind die nachbezeichneten Stellen bereit.

Die Ausübung des Bezugsrechts muß in der Zeit vom 12. März bis einschließlich 15. April 1914 während der üblichen Kassastunden in M..... im Bankgebäude der K....... Bank, oder in dem Bankgebäude der B...... Bank; in H.......... im Bankgebäude der K..... Bank, erfolgen.

Mit dem 15. April abends erlischt dies Bezugsrecht. Später einlaufende Anmeldungen können nicht mehr berücksichtigt werden. Nach unbenütztem Ablauf dieser Frist haben die Aktionäre nur mehr Anspruch auf die Ausschüttungsquote innerhalb der gesetzlichen Verjährungsfrist.

Zur Geltendmachung des Bezugsrechts (und der Ausschüttungsquote) sind die alten Aktienmäntel (ohne Couponbogen) mit einem ihre Zahl und Nummern, sowie den Namen des Einreichers enthaltenden Verzeichnisse behufs Abstempelung vorzulegen.

Detaillierte Bekanntmachungen, Aufschlüsse aller Art und Formulare für doppelt auszufertigende Zeichnungsscheine sind bei den Zeichnungsstellen erhältlich.

H........, den 8. März 1914.

.... Fabrik.

Der Aufsichtsrat: | Die Direktion:

.... | ....

Alphabetisches Register.

(Die Ziffern bezeichnen die Seitenzahlen.)

Kolibri 360 GmbH
Ferdinand-Jühlke-Straße 7
99095 Erfurt, Deutschland
produktsicherheit@kolibri360.de